J YU WEN HUA ZI YUAN YU LV YOU CHAN YE
IG JI XIE TONG FA ZHAN YAN JIU

区域文化资源与旅游产业经济协同发展研究

佘曙初◎著

经济日报出版社

图书在版编目（CIP）数据

区域文化资源与旅游产业经济协同发展研究 / 佘曙初著 . -- 北京 : 经济日报出版社 , 2019.1

ISBN 978-7-5196-0448-6

Ⅰ . ①区… Ⅱ . ①佘… Ⅲ . ①地方旅游业—旅游业发展—研究—中国 Ⅳ . ① F592.7

中国版本图书馆 CIP 数据核字 (2018) 第 292505 号

区域文化资源与旅游产业经济协同发展研究

著　者	佘曙初
责任编辑	温　海
出版发行	经济日报出版社
地　址	北京市西城区白纸坊东街 2 号 A 座综合楼 710（邮政编码 :100054）
电　话	010-63567684（总编室） 63538621 63567692（发行部）
网　址	www.edpbook.com.cn
E - mail	edpbook@sina.com
经　销	全国新华书店
印　刷	北京建宏印刷有限公司
开　本	710mm × 1000mm　1/16
印　张	9.75
字　数	157 千字
版　次	2019 年 1 月第一版
印　次	2019 年 1 月第一次印刷
书　号	ISBN 978-7-5196-0448-6
定　价	38.00 元

序　言

近年来，我国旅游产业蓬勃发展，旅游经济总量不断攀升，如何有效利用区域旅游发展的核心要素，增强旅游发展的驱动力，实现区域旅游业的可持续发展，已成为旅游行业和旅游理论研究者共同关注的热点问题。

旅游资源是旅游发展的重要基础，文化资源是重要的旅游资源类型。我国悠久的历史文化造就了各地区丰富的文化遗存，这些文化资源既为旅游业的发展奠定了深厚的文化基础，也为区域旅游经济的可持续发展提供了源泉和动力。但在区域旅游产业发展实践中，文化资源的丰富与否与旅游经济的发达与否却并不完全成正比例关系，拥有深厚文化底蕴、保留有较多文化遗存的地区，旅游业发展可能始终裹足不前；而一些文化遗存较少的地区，旅游经济却可能得到长足发展。

这一系列现象值得引发思考，地域文化在区域旅游产业发展过程中到底扮演了什么样的角色？作为区域旅游发展的核心要素之一，区域文化对旅游经济发展的影响机理如何？如何利用好文化这一核心要素来增强旅游发展的内在驱动力？区域旅游的发展又如何更好地促进文化的保护与传承，带动文化产业的发展，从而促进区域文化的发展繁荣。

因此，探讨区域文化资源与旅游产业的协同发展关系，充分利用区域文化资源提升区域旅游产业可持续发展的驱动力，实现区域文化与旅游产业的协同发展，是旅游学术界亟须研究的重要科学命题。

目　录

序　言……01

第一章　文化与文化资源……1

第一节　文化的源起与表现……3
第二节　文化资源的阐释……8
第三节　文化资源的特点……13
第四节　文化资源相关概念辨析……21
第五节　文化产业的概念与特性……27

第二章　旅游与旅游产业……41

第一节　旅游的概念与内涵……43
第二节　旅游产业……57

第三章　旅游与文化的关系……69

第一节　旅游是文化的载体……71
第二节　文化是旅游的灵魂……79

第四章　旅游产业与文化产业融合发展的动力……93

第一节　旅游产业与文化产业融合发展的动力概述……95
第二节　旅游产业与文化产业融合发展的动力……104

第五章　旅游产业与文化产业融合发展的手段 …… 123
第一节　旅游产业与文化产业融合发展的资源整合手段 …… 125
第二节　旅游产业与文化产业融合发展的市场整合手段 …… 137
第三节　旅游产业与文化产业融合发展的营销整合手段 …… 139
第四节　旅游产业与文化产业融合发展的政策整合手段 …… 142

参考文献 …… 147

第一章

文化与文化资源

第一节　文化的源起与表现

一、文化的源起

黑格尔在《美学讲演录》中说过，词语的最初意义总是隐喻的、形象的，后来才发展引申出抽象义来，虽然这后到的精神义终反客为主，反倒是掩盖了词语原初的感性本义。如“掌握”和“把握”，它们最初都是用手去握事物的意思，发展到现在已经引申出“控制”“了解、熟习并加以运用”的意义。“文化”一词亦然。它似乎是一个说不清道不明，让人似懂非懂的词语。

在中国，“文化”一词是中国语言系统里古已有之的词汇。许慎在《说文解字》里说：“文，错画也。象交文。今字作纹。”在这里，“文”通“纹”，指各色交错的纹理，这也成了“文”的本义。后来，“文”又引申出若干意义：其一，为包括语言文字在内的各种象征符号，进而具体化为文物典籍、礼乐制度；其二，由伦理之说导出彩画、装饰、人为修养之义；其三，在前两层意义之上，更导出美、善、德行之义。

“化”，古字为“匕”。《说文解字》的解释为：“匕，变也。”由此，“化”的本义为改易、生成、造化，如《庄子·逍遥游》：“化而为鸟，其名曰鹏”。《易·系辞下》：“男女构精，万物化生”。《黄帝内经·素问》：“化不可代，时不可违”。《礼记·中庸》：“民主以赞天地之化育”等等。归纳以上诸说，“化”指事物形态或性质的改变，同时“化”又引申为教行迁善之义。

“文”与“化”一词最早联用可以追溯到战国末期《易·彖传》：“小利而攸往，天文也；文明以止，人文也。观乎天文，以察时变，观乎人文，以化成天下。”“文”“化”最初联用，便有“以文教化”的意味。从字面意思来看，天文、地文、人文是中国人对文化最初的认识，而这三方面又是构成文化最重要的三个方面。汉以后“文化”一词始生成。西汉刘向说：“圣人之治天下也，先文德而后武力。凡武之兴，为不服也；文化不改，然后加诛”（《说苑·指武》）。“文”和“诛”是两种根本不同的治理社会的手段。

这里将“文德”二字联用，以“德”表示“文”的具体内容。晋束皙《补亡诗》说：“文化内辑，武功外悠。”文内武外。所以，“文化”本来意义便是以文德教化天下。文化就是人化，也就是人文化，最根本的内涵是文德，教化。可见，在古代，“文化”最初是用作动词，既有政治内容，又有伦理意义，是治理社会的一种主张，一种政策。先秦儒家主张文治，所谓“先礼后兵”，先文德教化，如不奏效，再施加武力。随着社会的发展，“文化”由动词逐渐演变为名词，内涵也发生了变化。

我们今天说的“文化”，与古文里的“文化”含义有一定的差距。今天所用的“文化”一词，是19世纪末由日文转译，从西方引进的。西方“文化”一词的概念有一个演变过程。拉丁文Cultura是英法德俄等国文字“文化”一词的词源。原是行为动词，含有耕种、居住、联系、留心或注意、敬神等多种意义。英文的Culture，德文的等都保留了拉丁文的某些含义，并逐渐从耕种引申为对树木禾苗的培育，又进一步引申为对人类心灵知识、情操、风尚的培育。中国文化一开始就有一种精神和人文的指向，而拉丁语系的Cultura则是从对物质文化的解说开始的。

二、文化的定义

关于文化的定义，目前已有250种之多，因此，文化定义本身也成为学术界争论不休的一个有趣话题。

“文化”的定义在《辞海》中有三种不同的解释。一是指人类在历史发展过程中所创造的物质财富和精神财富的总和，特指精神财富，如文学、艺术、教育、科学等；二是考古学用词，指同一历史时期的不依分布地点为转移的遗迹、遗物的综合体。同样的工具、用具，同样的制造技术等，是同一文化的特征。如仰韶文化，龙山文化；三是指运用文字的能力及其一般知识水平。

美国人类学家阿尔弗雷德·克洛依伯（Alfred Kroeber）和克莱德·克拉克洪（Clyde Kluckhohn）在其1952年出版的《文化：概念和定义批判分析》一书中列举了164条（1871–1920年，文化仅仅有6种定义，到1951年，文化的定义则高达164种）不同的文化定义，并归纳出9种基本文化概念：它们分别是哲学的、艺术的、教育的、心理学的、历史的、人类学的、社会学的、生态学的和生物学的。

哲学意义上的文化，是一切文化定义中最古老的。早在两千年前，西塞罗就提出过文化等于哲学或者说心灵的培育。因此，文化就成为个人修身的一个过程，这里的文化重过程，不重结果，使它与文明出现了分别。在相当一部分理论家的概括中，文化多被视为导向某种成果的累进过程，文明则被视为成果本身。

艺术的文化概念历史仍然悠久，是中世纪和文艺复兴的产物。它包括行为艺术如音乐、戏剧、歌剧、舞蹈和哑剧等；文学艺术如诗歌小说等创造性文字；视觉艺术如绘画和雕塑；环境艺术如建筑、城镇规划、都市规划、景观设计等；以及工艺如编织、制陶一类手工艺术。这一概念中强调的是文化所具有的创造性质，而创造性恰恰是艺术活动的生命力所在。

教育的文化概念依据的是文化是光，是个人也是社会内在的光。文化作为教育和学问，并不局限于正规教育。

心理的文化概念，是十九世纪中叶文化的、哲学的、艺术的和教育的概念相糅合的产物，其代表人物就是英国诗人和文学批评家马修·阿诺德。1869年出版的《文化和无政府状态》一书中，阿诺德认为文化就是求知的完美，是怎样来获知这世界上同我们有关的最好的思想。

历史的文化概念有广义和狭义之分。广义的文化概念包括过去遗产的全部积累，不分大小新旧，彼此相干或不相干。狭义的文化概念，指的同样是过去传统的积累，但这种积累之所以称其为文化，前提是它们表征了时代的见证，故而为今日的个人、社会和民族所高度重视。

人类学的文化概念，它被认为是第一个现代意义上的文化定义，因此而具有划时代的意义。英国著名的人类学家爱德华·泰勒在其1871年所著的《原始文化》一书中，从人类学的角度对文化下了定义：文化或者文明，从其广泛的民族之意义来讲，它是一个错综复杂的总体，包括知识、信仰、艺术、道德、法律、习俗和人作为社会成员所获得的任何其他能力和习惯。

社会学的文化概念，它与人类学的文化观念几乎同时勃兴。但不同于人类学的文化观强调“错综复杂的总体”，社会学的文化概念将重心移到社会共享的价值观念和行为特征等方面。

生态学和生物学的文化概念旨在说明，文化并不仅仅限于人类和人类的创造，它同样适用于其他物种和整个自然领域。具体来说，生态学的和生物学的文化概念是生态环境运动的产物，视文化为人类和自然环境之间的一种互补象征关系，一个对话交流的过程。它旨在使人意识到技术的高度发展并没有解除人类对自然的传统依存关系，相反，因为人类对自然资源和环境的掠夺和污染，更强化了这一关系。

最后，文化还有语言和交流的概念，正是在交际和语言之中，连接人和社会的纽带或者是得到了发展，或者就是停步不前。在当代社会中，语言和交流最典型的载体便是传媒，或者说，人称之为“文化和传媒产业”的出版、广播、电视、电影、音像、电脑等一应行业。毫不奇怪，谁拥有、操作和控制这些传播手段，以及它们传播的是怎样类型的信息，正在日益成为一个超级文化问题。

视线转向中国，梁启超在《什么是文化》中称，“文化者，人类心能所开释出来之有价值的共业也”。这“共业”包含众多领域，诸如认识的（语言、哲学、科学、教育）、规范的（道德、法律、信仰）、艺术的（文学、美术、音乐、舞蹈、戏剧）、器用的（生产工具、日用器皿以及制造它们的技术）、社会的（制度、组织、风俗习惯）等等。广义的“文化”从人之所以为人的意义上立论，认为正是文化的出现“将动物的人变为创造的人、组织的人、思想的人、说话的人以及计划的人”，因而将人类社会——历史生活的全部内容统统摄入“文化”的定义域。一般来说，文化哲学、文化人类学等学科的研究工作者多持此类文化界说。

综上所述，不同学科背景和不同身份的人对文化的定义都不尽相同。那么，资源学领域的文化有什么含义呢，笔者认为资源的文化概念，是指同时具有意识形态属性和经济属性的客观存在对象，它们在一定的条件下可以发生转化，产生高于其本身的价值。资源的文化外延很广，存在于整个人类社会生活中。

三、文化的层次

（一）物质文化层次

物质文化是文化的表面层次，是人类在适应和改造世界中不断劳动形成的。马克思主义的观点认为，劳动创造了人类，劳动创造了文化。文化最本源的意义就是劳动，劳动是人类的一种生活生产方式的体现。因此，不同的文化产生于不同的生产生活过程中。人类在历史文明的演进过程中形成了不同的文化类别，如民居建筑、服饰、生产生活工具、交通工具等等。不同的生产生活方式形成了不同地域、民族特色的文化，文化在一定程度上体现着一个国家或民族的性格。如我国由于地域特征的不同，出现了陕西的黄土文化、江南的水乡文化、西部的巴蜀文化、东北的冰雪文化等等。这些都是当地劳动人民在长期的生产、生活、生存中所形成的一种固有的原生态的延续。

（二）制度文化层次

制度文化是文化的中间层次，它主要表现在人们在社会规范和人际交往中不断形成的民俗风情、民俗信仰、人生礼仪、宗教习俗、家族家谱、乡约乡规等方面。这些约定俗成的文化制度，在悠久的历史发展中，代代相传，越积累越厚重，在这一积累和传承过程中，文化也依托各种载体，形成了丰富多彩的文化资源。

例如，风俗习惯最能反映一个地方区别于另一个地方的特征。所谓“十里不同风，百里不同俗”，说的就是这个道理。如由于地域和天气的原因，我国北方人喜欢吃面食，而南方人则喜欢吃米饭。在语言方面，北方语言粗犷，而南方语言则细软。这种植根于社会生活中的制度文化伴随着历史的发展，不断创新，在现代语境中发挥着极为重要的作用。

（三）精神文化层面

精神文化是文化的内核层次，也被称为观念形态文化，它主要表现在文学艺术、价值观念、审美情趣、思维方式等方面。精神层次是文化的最高境界，文化如果缺少这一层面，文化的生命力就不存在了。而这一层次之所以存在，是因为文化不仅可以融入自然界，创造神奇，而文化本身具有极强的创新能力。

文化的创造力是人类无法估量的，自然创造了文化，文化反过来又作用于自然。文化和自然赋予了人类价值观、世界观和人生观，世间的万事万物在自然和文化的双重力量下不断创新，形成了如今多元的文化圈。

第二节 文化资源的阐释

文化产业的核心是文化资源。对于文化资源，目前我们还没有一个权威的定义或者约定俗成的概念。研究文化资源应该将文化资源放在一个大资源观的环境中去，即认为资源是一切可被人类开发和利用的物质和精神资产的总称。资源广泛存在于自然界和社会生活中，资源不仅包括土地资源、矿产资源、海洋资源、森林资源等自然资源，还包括人力资源、信息资源和文化资源等新型资源。总之，资源是一定数量积累的客观存在物和精神的综合体，资源可以创造财富，资源本身也是一种财富。

一、文化资源的概念界说

从目前的研究状况来看，关于“文化资源”的概念阐述较多，从 1990 年开始，文化资源的概念就已经进入了学者的视野，到今天，人们对它的概念研究仍然没有停止，然而对其内涵和外延，目前学界没有达成统一的认识，主要有以下几种观点。

（一）生产利用说

程恩富认为，文化资源是人们从事文化生产或文化活动所利用的各种资源的总和。文化资源的开发是指为发挥、提高和改善文化资源的利用率，并使文化生产顺利进行所采取的一系列技术经济措施与活动。花建认为，文化资源是人们从事文化产业活动所利用的各种资源。王子平在其《资源论》一书中就指出，文化资源是一切可以用来开发生产，从而创造出财富的文化活动形式及其成果。胡惠林、李康化著的《文化经济学》中则认为文化资源就是人们从事文化生产、文化活动所需的可供利用的各种文化生产要素，包括物质文化资源、精神文化资源和文化人才资源三类。唐明月认为，从产业角度来看，文化资源是指那些具有文化内涵的资源，通过对其进行资本投资能够直接带来经济效益的生产性资本，要对文化资源进行开发，才能转化为文化资本、文化产品或服务行为。黄雪英认为，文化资源就是人们从事文化生产和文化活动所利用或可利用的各种资源。杜超和王松华认为，“文化资源”是“文化产业资源”，换句话说，应从文化产业资源缩略语的意义上理解文化资源。文化资源是特定时代、地域的人群既有的文化资料和素材，既包括历史资源、民俗资源、知识资源、信息资源，也包括某些特殊的自然资源（如作为东北文化产业重要素材的冰雪资源）。文化资源蕴藏在历史文化传统之中，存在于社会文化和自然现实之中，弥漫在整个物质生产、精神生产过程中，它既以可感的物质化、符号化形式存在，又以思想化、智能化的形式存在。前者所代表的通常是可度量的文化资源，可以建立相应的评价体系来具体估量其价值，如历史文物、工艺品、自然素材等；后者所代表的则是不可度量的智能型文化资源，如民俗、传说等。严荔认为，文化资源是指人们从事文化生产活动时所利用的、具有文化要素特征和内涵的各类资源。黄永林认为，文化资源指的是人类生存发展需要的、以一切文化产品和精神现象为指向的精神要素，泛指人们从事各种文化活动可以利用的各种资源的总和，是人类生存和发展的最宝贵的财富。简单地说，文化资源是人们从事文化生产或文化活动所利用或可供利用的各种资源。

（二）历史积淀说

周正刚认为，文化资源是各种文化客观现象的总和，能够形成文化实力，可供主体开发和利用，既包含历史所积累的文化遗产库，也包含现代社会所创造的文化信息和文化形式库，以及作为文化活动设施与手段的文化载体库等。王建民运用历史唯物主义和辩证唯物主义的观点与现代科学文化发展观相结合，并参照对生物遗传资源的界定，认为文化资源是指由自然生态环境资源与人类脑力或体力劳动相结合所创造的，具有重大历史、艺术、科学和经济价值的，含有特殊文化信息、基因及其无形传媒或有形介质或载体，及其特殊文化环境所组成的各类物质或非物质、无形或有形的文化素材。丹增认为，人类发展进程中所创造的一切含有文化意味的文明成果以及承载着一定文化意义的活动、物体、事件以及一些名人、名城等，都可以认为是某种形式的文化资源。姚伟钧认为要理解文化资源的内涵，需要从文化资源的文化属性和资源属性两个层面进行剖析，从文化资源的文化属性来看，文化资源首先表现为一种文化的形态，以一种文化形态作为表征的文化资源，是在人类社会漫长历史发展过程中所积淀凝聚而成的，它通过文化的创造、积累和延续所构建，表现为一种能够满足人类精神文化需求的物质产品和精神产品。从文化资源的资源属性来看，以一种资源形态作为表征的文化资源，是资源的一种具体存在形态，是指为社会经济的发展提供对象、环境和条件的那些文化要素的组合。由于文化资源与以物质为基本形态的自然资源相对应，因此又是一种无形资源。总体来说，文化资源就是一种社会资源。在日本，也有文化资源一说，日本文化资源学会对其的定义是“所谓文化资源，是为了理解一定时代的社会和文化，成为其线索的珍贵的资料之总和，我们把它称为文化资料体。在文化资料体中包括了没有被博物馆以及资料库所收藏的建筑物以及都市景观，或者传统的艺能以及祭礼等有形无形的文化。”

（三）物质精神财富说

在1990年出版的《简明文化人类学词典》中，陈国强等就提到了文化资源，它主要是指包括文化遗产在内的人类创造的各种物质文明和精神文明的总和。申维辰认为，文化资源是指凝结了人类无差别的劳动成果的精华和丰富的思维活动的物质的精神的产品或者活动。吴圣刚认为，文化资源是指满足人类生存发展需要的精神要素，以一切文化产品和精神现象为指向。和自然资源一样，文化资源也是人类生存发展需要的重要的资源。何频认为，文化资源既包括历史上人类所积聚的文化财富，也包括现代的文化信息。文化资源是人类在改造世界的过程中所凝结的物质、精神的成果及活动介体，能满足人的需要，具有地域性、民族性和多样性等特征。张胜冰认为，文化资源是资源的一种形式，相对于其他资源来说，它是一种特殊的资源，它指的是具有文化属性的各种资料，包括物质资料和精神资料等。吕庆华指出，文化资源是人类劳动创造的物质成果及其转化。高宏存将文化资源的概念纳入产业发展理论的框架之中进行界定，他认为，文化资源是人类在社会活动中智力劳动的创造物，它以各种有形或者无形的内容表现出来，可以作为文化生产的原材料或文化生产所必需的条件，经过各种形式的生产或经营活动为人类带来物质财富和精神财富。在《艺术管理学概论》一书中，田川流认为：“文化资源是指人类自身创造的、能为人类的生存和发展服务的一切优秀的物质成果和精神成果的统称。文化资源是人类除自然资源外最重要的资源，它既存在于人类的物质领域，又存在于人类的精神领域，构成了人类赖以生存的基础，也是人类社会发展的重要推动力。

此外，还有学者陈炎认为，文化资源与文化是同义语，提出了“文化也是资源”的观点。

综上，文化资源是指凝结了人类无差别的劳动成果和丰富的思维活动的物质、精神的存在对象。这类存在对象具有一定的历史、审美、科学和经济价值，因而它在一定条件下可以进行开发，转换为文化资本，并给人类带来经济效益和社会效益。文化资源包括文物古迹、工艺美术、音乐、宗教信仰、思想观念、语言文字等。广义的文化资源是难以给出具体的界定的，只要是体现人类追求和满足人类精神需求的产品或活动，均可以划入文化资源的范畴。文化资源具有社会属性，因此它是一种对现存的经济、政治、文化有一定影响的资源，是物质文化、制度文化和精神文化的综合。这样一来，社会生活的方方面面就大量地体现了文化资源的痕迹，政治、经济、社会生活以及世界范围内都蕴含了丰富的文化特征。

二、文化资源的层次

按照文化的层次划分，我们也可以试图对文化资源进行层次划分。“文化资源”是从文化的功能上说的，意味着它是一种可支配的资源，可以对拥有它的主体产生影响并制约其活动方式及活动的深广度。考虑到文化资源的内涵和功能，可以将“文化资源”分为三个层次：

（一）文化资源的意识形态层次

文化资源的意识形态层次是文化资源的高级层次，主要是指文化资源在精神方面的表现形态，即价值心理层次，它们是意识形态的主要表现方式。这个层次的文化资源比较抽象，如人们在长期的社会历史发展过程中形成的文化传统、社会风俗、思维方式等等。它虽然是一种无形的精神存在对象，但它的作用却是非常强大的。在计划经济时代，中国无论是政府层面还是普通民众，都认识到了文化资源的意识形态层次，但没有将其纳入到经济领域中来，这也是中国的文化产业起步晚的一个重要原因。

（二）文化资源的生产生活层次

文化资源的生产生活层次主要体现在人类的各种文化艺术活动，如手工技艺、建筑、雕塑、美术、音乐、舞蹈、戏剧、文学等方面。这一层次强调文化资源是人类劳动的结晶。从这个意义上来讲，文化资源是生产力的一部分，文化资源是在生产生活过程中慢慢积累形成的，是一种生产能量。在很长一段时期内，文化艺术活动主要是集体创作、集体传承、集体享用的成果。随着社会的不断进步，文化艺术活动经过不断创新变异，形成了现在丰富多彩的表现形式，并且发挥着经济、社会与文化功能。

（三）文化资源的产品服务层次

文化资源经过产业开发，最终会形成不同的文化产品或服务。因此，我们可以认为，文化资源最广泛的存在形态就是以产品服务形式存在。本文所指的产品服务层次主要是现代社会产生的，包括报纸、杂志、音像、书籍、广播电视、广告、演出、展会、体育、娱乐、旅游、网络信息资源以及与之相关的文化装备等内容。文化资源的产品和服务涵盖了文化产业的各个门类，从这个方面来看，文化产业开发的落脚点应放在对文化资源的产品服务层次，通过研究其产业开发规律，从而促进文化产业的发展。

第三节　文化资源的特点

一、自然性与文化性

文化资源的核心内涵是文化，但是文化资源在一定程度上也有着其特殊的自然性。从文化生态学的角度来讲，文化资源尤其是一些特殊的文化资源，如濒危的非物质文化遗产资源，我们在对其进行保护的同时，应该意识到它们的自然规律，与周边生态和人文环境的适应性。

以广东省著名的香云纱为例，它是中国一种古老的手工制作的植物染色面料，已有一千多年的历史，由于它制作工艺独特，数量稀少，制作时间长，要求的技艺精湛，具有穿着滑爽、凉快、除菌、驱虫、对皮肤具有保健作用的特点，过去被称为软黄金，只有朱门大户人家才能享用。香云纱需要纯植物与矿物染料制成，制作工艺复杂讲究，因此具有一定的市场前景，很多地方的商家想要购买此技术，却屡屡失败，有一个重要的原因就是制作香云纱的天然染料只能生长在广东顺德，离开顺德之后，由于自然生态环境的变化，生产出来的香云纱无法达到顺德本土的品质。因此，顺德区市场安全监管局对香云纱专用标志、标识标注使用进行监督；对香云纱地理标志产品保护范围实施监控；实施从原材料到销售各环节的日常质量监控。这些措施都将净化生产流通环境，保护地理标志产品生产者的知识产权。除此之外，很多的非物质文化遗产资源由于具有明显的原产地依赖性，也注册了原产地标志，从而更好地受到保护。由此可见，文化资源天然地具有自然属性，是现代高科技也很难改变的。

文化资源如自然遗产资源，其表现就是以自然属性为载体，人们在此基础上进行开发利用，从而由一种自然资源“人化”为文化资源。因为有人类的痕迹，所以这种有着自然属性的资源最终表现的形态却是文化的形态。当然，任何一种文化资源，无论它以哪种方式存在，其基本特性一定是具有文化特征，承载着一定的文化内涵，蕴藏着文化要素。文化性是文化资源的本质属性。

任何一种文化资源都可从不同的角度反映出其特有的文化特质。正是由于文化性的存在，文化资源才成为区别于其他资源的独特资源。

我们可以想象一下，青铜器如果不是因为其代表中国传统文化中的皇权意识和其承载了近15个世纪的文化变迁，它也不过是普通的酒器、兵器、食器。它之所以可以兼具实用器具和神器两大功能，并且传承至今，就是因为它本身蕴含的文化所赋予的力量。再看我国众多的历史遗迹或遗留物，如著名的三大石窟之一的龙门石窟，北魏孝文帝迁都洛阳（494年）前后开始凿建，历经东魏、西魏、北齐、北周、隋、唐等朝代，连续营造了400余年，从五代到清代也有少数的雕凿。龙门石窟共有窟龛2100余个，佛塔43座，碑刻题记3600余方，大小造像10万余尊。其中最大的佛像高17.14米，最小的仅2厘米。龙门石窟保留着大量的宗教、美术、书法、音乐、服饰、医药、建筑和中外交通等方面的实物史料，堪称一座大型石刻艺术博物馆。它记录了中国文化发展的过程，对后世研究具有重要意义。因此，它不仅仅只是处雕塑，更是中国古代文化的代表性产物，是珍贵的文化资源。

我国现在大力发展文化产业，依托的正是文化资源的文化特征，需要挖掘的也是文化资源的文化特征。从某种程度上来看，谁能有效地挖掘并利用好文化资源的文化性，谁就能在文化市场抢占先机，独领风骚。

自然性和文化性相辅相成，你中有我我中有你，在文化资源的开发中我们除了关注文化资源的文化性外，还要加大力度保护一些特殊资源的自然属性。只有同时利用好这两种特性，文化资源的保护和开发才是科学有效的。

二、地域性与民族性

文化首先是区域性的，即首先有各种地方文化，才最终构成一国的文化，有各国的文化，才最终构成人类的文化。同样，文化资源也会表现出明显的地域特征。由于地域特征的不同，文化资源的表现形式也不同。如我国的世界遗产资源，就出现了东多西少的空间特征。文化遗产类资源多出现在东部地区，自然遗产类资源多出现在中西部地区。

马克思主义认为，民族是“人们在历史上形成的一个有共同语言、共同地域、共同经济生活以及表现于共同文化上的共同心理素质的稳定的共同体”。民族是社会实践的主体和社会文化的载体，直到今天的现代国家，也仍然是民族国家。毛泽东在论述新民主主义文化时也明确指出；“中国文化应有自己的形式，这就是民族形式。”每一个民族都拥有自己独特的文化，同样，文化资源也拥有民族性，并通过一个民族的习俗、服饰、行为、艺术等表现出来。文化资源的民族性是一个民族区分于另一个民族的根本标志。任何一个民族的文化资源都是一种历史的积累，其中体现着民族的特性，而这种特性是通过长期的文化资源积累反映出来的。一般而言，一个民族的文化资源大都经过从初创、到发展，逐渐形成自己的特质，最终基本形成有自己民族特色的资源形态。这其中存在着一个继承、发展、创新的问题。一个民族的文化资源是这个民族共同智慧的结晶，是一代一代人传承下来的。无论是发展也好，创新也好，都不能丢掉历史，舍弃传统，而是要在学习、吸收、掌握传统精髓的前提下发展和创新，否则，文化资源可能成为无源之水、无本之木，最终成为不伦不类的东西。

由于历史和社会各方面的原因，我国拥有56个民族，因此，我们要充分利用好丰富的民族文化资源，开发文化资源要注意深入挖掘民族特性，坚持民族性才能保持中国元素。

三、普世性与教化性

“普世”一词源于希腊文 oikoumene，意为“整个有人居住的世界”。普世价值观是一种世界观。在哲学上，普世价值指一些有限的、所有人类都认同的观念集合在一起。这种价值观的根本在于对人性的思考。普世价值观认为，我们要真正地认识到人类的根本属性，尊重人性的自然规律，然后采用理性思考的方式，建立起人和人、国家和国家相处的办法。普世价值不分地域，超越宗教、国家、民族。任何一个自诩文明社会的人类，只要本于良知与理性皆认同之价值、理念。简言之，普世价值就是人类创造的、千百年来经过沉淀扬弃而升华的、全世界普遍适用的、造福于人类社会的、最好的价值。普世价值大体指人权天赋，生来自由，民主权利一类的东西。

从哲学的高度来看，文化资源已经不是一种纯粹的物质类的东西，而是一种价值观的呈现。这种价值观的核心含义便是普世性，它的本质、意义和重要性应该是超越人的意识形态和观念斗争的，应该是放之四海而皆准的自然的非人为定义的真理。如世界八大奇迹的巴比伦空中花园、亚历山大港灯塔、爱琴海太阳神像、奥林匹亚宙斯神像、阿尔忒弥斯月神庙、摩索拉斯陵墓、埃及的金字塔和秦始皇兵马俑。几乎所有的人看到这些景观的时候，都会发出感叹，感叹人类的智慧，感叹宇宙的浩瀚，感叹自身的渺小。这也是为什么这些地方会被称为奇迹，会被无数的科学家、学者反复调查研究的原因。

“教化”最初的意义来源于宗教，后来成为语言学家、哲学家、人类学家、教育学家竞相探讨的话题。在我国，传统的儒家思想认为，教化思想是建立在民本思想基础之上的，人民是国家社稷的重点。从民本思想出发，儒家主张“先富后教”，老百姓有稳定的物质生活保证，教化才能推行。儒家主张人是可以教化的。在教化与刑罚的关系上，儒家主张“教化为先”，“刑罚为辅”，反对“专任刑罚”，当然儒家并不否认刑罚的作用。在教化的内容上，儒家还主张“身教”。儒家重视道德教化的思想对后世影响很大。孔子所提倡的重视教化的思想，经孟子、荀子、董仲舒、“二程”、朱熹等人加工、改造，与封建纲常礼教融为一体，从西汉时起被封建统治者奉为正统，在政治法律思想中长期处于支配地位。

“教化”不是一味地“愚化”大众，而是要让大众在广泛的参与中“潜移默化”。文化资源产生的根源是普通大众，进行生产、消费和享受的也是普通大众。因此文化资源的教化功能贯穿其整个保护与开发过程中，文化资源的教化性是其本质力量。

文化资源对个体、民族的塑造，正是通过它的教化功能实现的。文化资源可以塑造一个个体或民族的价值观、道德观、思想方式和行为方式。

四、再生性与不可再生性

同某些自然资源一样，文化资源同样具有可再生性，文化资源的再生性指的是文化资源在一定的条件下可以实现重现和再造。许多自然资源使用后便可能消耗掉，而且对于某一种自然资源来说，若过量使用，还可能使这一资源永远灭绝。文化资源则不然，文化资源与其他资源最大的区别是，其以精神内涵为主要存在方式，可以多次开发和重复利用。一种文化资源，只要人们认为它对人类有用，便可以永久地使用，它不会因为使用它的对象多，使用的频率高而枯竭、而灭绝。相反，一种文化资源使用的人越多、频率越高，不但不会导致它的量的减少，而且还可能促使这种文化资源量上的增长，甚至产生新的文化特质。因为，学习、普及、使用的过程就是一个创造的过程。作为优秀的文化资源，一代人使用之后，后代人仍然可以重复使用，可以世世代代为人类造福。使用的人愈多，愈能显示其价值和生命力。

文化资源的再生性延伸出了其效能性。作为自然资源，无论怎样充分利用，一定量的资源的能量是有限的。如煤、石油、天然气等自然资源，当它们作为能源利用而被燃烧后，尽管能量可以由一种形式转换为另一种形式，但作为原有的物质形态已不复存在，其形式已发生变化。文化资源则完全不一样，一种文化产品可以供许多人甚至整个人类享用；一本书可以影响一代人甚至几代人；一种精神和思想可以改变人类的历史进程。如电影技术的诞生，让画面和声音同时出现，从此，人类的影像得到真实的记载。《红楼梦》不仅影响了中国人，也影响了亚洲乃至世界其他国家的人。马克思主义的诞生，则使欧洲、亚洲、美洲一批国家走上了社会主义道路，从而改变了世界格局。由此可见，文化资源可以最大限度地实现其效能，而且使用的人愈多，范围愈广，其效能就愈大。

文化资源的不可再生性指的是一些珍贵、脆弱、不可修复的文化资源，一旦消失或者遭受破坏将不复存在，成为人类历史上的一大缺憾。如在旅游业蒸蒸日上的当今社会，人们往往以经济利益为首要利益，忽视文化资源的社会效益和生态效益，粗放化、庸俗化开发文化资源，造成了资源的极度浪费。这对一个国家和民族的长远发展来说，是非常不利的。因为这些文化资源开发的过程就是消失的过程，并且有些资源是永远无法复原的，如珍贵的物质和非物质文化遗产。

五、交流性与共享性

如果说文化资源的传承性体现的是文化在时间上延伸，文化资源的交流与共享性则体现了文化在空间上的传播能力。不同个体、群体、民族可能实现不同文化的交流。

和自然资源相比，文化资源也存在产权归属。但与自然资源有显著区别的是，文化资源虽然有产权归属，但产权拥有者并不一定对这一资源完全独占独享。譬如，中华民族的传统文化无疑属于中华民族所有，但我们却不能把它封闭起来，其他国家、其他民族同样可以学习它、借鉴它，甚至让它为自己的经济、政治、文化发展服务。一种新知识、一项新技术、新发明，产权拥有者可以使用，产权以外的其他人、其他国家和组织通过合法的程序也可以使用它。一部文学作品，无论产权属于谁，人们都可以学习它、欣赏它，使之成为自己的精神食粮，如美国将中国传统的民间故事《花木兰》改编成电影，日本将中国的古典四大名著之一的《西游记》改编成动画片。尽管这些经过改编的故事，由于融入了那些国家的文化元素，与中国文化相去甚远，但我们不得不承认，这是一种由文化资源的共享性造成的结果。

随着科技的发展，文化资源的共享性显得尤为明显。互联网的全球化使得文化资源也变得全球化。一部电影的诞生，一首音乐的发行，一场展览会的举办都让文化资源最大化地实现交流与共享。此外，“全国文化信息资源共享工程”就是文化资源实现共享性的一个很好的例证，该工程针对当前我国文化事业的实际情况和科技发展的水平，整合包括图书馆、博物馆、美术馆、艺术院团、研究机构等现有的文化信息资源，形成互联网上中华文化信息资源的整体优势，借鉴网络媒体的优势，让中华民族的优秀文化资源可以跨地区实现共享，打破资源发展的地域障碍。

任何文化资源，一经产生便既是民族的，更是世界的、全人类的共同资源、共同财富。当然对于优秀的文化资源，任何人、任何组织也无法实现对它的独占独有。特别是在信息时代，知识、信息的传播速度十分惊人，世界上每个角落发生的事情都可以迅速传遍全球，这就使文化资源的共享水平进一步提高。

六、稳定性与变异性

稳定性是指文化资源在积累传承的过程中保持其属性的一致性。文化作为客观存在，是一种观念形态的东西，是经过长期的历史积淀而形成的，是包括民族精神、民族心理、民族发展历程的观念形态，深深地刻印在一个民族的精神世界，一旦形成，即具有相当的稳定性。文化资源作为文化的一部分，同样具有稳定性。如我国的岁时节日民俗资源，清明节、端午节、中秋节、春节、元宵节等经过了上千年的历史考验，仍然被我国人民所继承和发扬着。尽管这些民俗在现代社会中发生了一些变化，但其内在本质没有改变，如清明节的主题是扫墓祭奠先祖、端午节是为了纪念屈原、中秋节是团圆的象征，等等。

此外，文化资源的稳定性还表现在，文化资源本身常常体现为一种文化传统，人们可以丰富它、发展它，甚至对传统进行创新。但文化的前因后果，历史联系是不可能割断的，呈现的仍然是完整的文化，是历史与现实统一的文化。人们既不能强调社会发展的现代性而抛弃传统，更不能趋向保守舍弃现代性趋势。因为文化的活力在于一方面强调对传统精华的继承，一方面追求继承基础上的发展创新。

变异性指的是某种具体的文化资源或者某一时代的文化资源的总量在时间和空间上都是可变的。这种变化，根据它们所处的社会、经济环境的不同，可能是量变，也可能是质变。而这种变化主要体现在文化资源的创新性上，作为有形的自然资源来说，是越用越少，不断递减，而作为精神现象的自然资源不但不会越用越少，反而会越用越多，逐渐递增。我们说，使用文化资源的过程，必然就是创造文化资源的过程。文化资源是人类智慧的结晶，在人类的历史演进中，一代人有一代人的智慧，而且，后代人总是拥有比前代人更多的智慧。因为人是在学习、吸收前代人智慧的基础上丰富前代人的智慧、并创造新的智慧。文化资源就是经过人类一代一代的努力，随着历史的演进而不断生长、不断递进的。只要人类思维和创造活动不停止，人类文化资源就会不断丰富、发展、创新，并不断产生新的特质。

七、传承性与转化性

文化资源的传承性是文化在时间上的表现形态，一个国家通过文化资源的代际传递，实现自己民族文化的传承。文化资源之所以能够层出不穷，就是因为文化资源的不断传承和积累。文化资源的传承具有强大的动力和完善的机制，伴随着人们主动的传承一代又一代地流传至今。人类社会也正是通过不断地传承先进文化资源才得以向前发展的。文化资源的传承为社会提供了大量的信息，促进了社会的文明与进步。

文化资源的传承不是有意为之，而是通过人们的衣食住行等行为方式自然传递。这方面表现得最强烈的就是民俗资源的传承，民俗资源的产生总是跟一定的社会、经济、政治和文化因素密不可分。处于共同的民俗圈的人们也会在这些因素的制约下，世代传承并遵守这些民俗。此外，还有一些自身优秀的文化资源，在经过历史的冲刷后，更显其风采。如昆曲、少林寺功夫、民间手工技艺等非物质文化遗产在现代工业文明大行其道的环境下，仍然焕发出生机，被越来越多的人认可并传承。

文化资源的传承性也不意味着对传统文化的全盘接受，时代在变，人们的审美需求也在跟着变化，因此对于文化资源的传承也应该辩证看待。有些文化资源在现代社会中已经失去了存在的土壤，就应该适时改变，推陈出新，融入一些新的元素或载体。如迪斯尼利用我国民间传说改编电影，就是为了迎合大众的审美而融入了很多现代化的元素，从而取得了不俗的成绩。

在相当长一段时期内，文化资源扮演着文化的审美教育功能角色。其价值也仅仅体现在意识形态领域，随着社会的发展和人们思想观念的转变，文化资源的经济功能表现得越来越突出。其中最重要的原因就是文化资源本身具有价值，而且这种价值在一定条件下会发生转化，创造出更高的价值。所谓价值转化，指的是将没有价值或价值很低或只具备某方面价值的东西，转变为有价值、价值高或具有另一方面价值甚至多方面价值的过程。

资源不等于生产力。从拥有资源到形成生产力，到形成高附加值的先进生产力和先进文化生产力，有很长的路要走。文化产业是一个巨大的产业系统，有着长期建立的复杂而完备的产业链。其中制造环节的高科技和大工业生产方式，特别是国际化的庞大的流通发行环节及相关后续开发，中国与西方，特别是美国在这方面的差距是问题的关键所在。

文化资源经过价值转化后，通常会以文化产业的各个门类的形式出现，如新闻出版业、广告业、会展业、动漫产业、音乐产业、电影产业、网络游戏产业等。

第四节　文化资源相关概念辨析

一、文化资源与自然资源

（一）联系

文化资源和自然资源都是能够创造出财富或资产的各种要素的总和，它们在一定条件下可以得到转换，并且产生一种或多种新的功能和价值。从资源的属性来看，文化资源和自然资源在一定的社会历史条件下具有稀缺性。从历史的发展来看，它们都同时具有可再生性和不可再生性等特点。从传播途径来看，文化资源和自然资源都会受到时间空间的限制，表现出一定的地域特征，因此文化资源被赋予了知识产权的标志，自然资源被赋予了地理位置的标志。它们天然地形成了一个国家和民族独有的财富。在某些条件下，自然资源可以延伸至文化资源领域，同样，文化资源也可以吸收自然资源的元素，它们处于一种相辅相成、共同发展的状态。

（二）区别

第一，文化资源具有文化属性，是通过人类有意识的劳动和加工创造性实现的，这种创造活动与人类的思想观念联系在一起，因而被赋予了某种精神内涵。文化资源的传承主要依靠人类的主观能动性进行有意识的传承，而自然资源的传承主要依靠自然规律。所以，文化资源是人类创造的一种资源，它从一开始就具有很明确的目的性和社会功用性，这是它不同于以天然形态表现出来的自然资源的突出特点。

第二，文化资源常常以文化形态存在于自然界和人类社会中。很多文化形态本身不但是一种文化，同时也是文化的载体，比如语言和文字。因此，文化资源既有内容的属性（文化内涵），又有形式的属性（文化载体），研究文化资源，一定要兼顾这两者。自然资源往往以天然形态存在于自然界，它是一种未经人类有意识加工的资源，如土地、水、生物、能量和矿物等。

第三，与自然资源不同，文化资源并非固定不变，而是具有变异性的特点。它会随着社会、经济的变化而变化。这种变化不仅包括文化资源在不同的历史时期总量和种类的不同，也包括同一种文化资源本身在不同历史阶段的不同形态的变化。

第四，一般而言，文化资源的表现形态包括物质和精神两方面，自然资源的形态主要表现在物质方面。文化资源主要满足人们的精神需求，自然资源主要满足人们的物质需求。

第五，在传统经济发展阶段中，自然资源是经济增长的主要动力。而在知识经济时代下，文化资源成为经济增长的重要手段。

第六，从对人类社会的作用来看，文化资源对人类社会的发展起着方向性、支撑力、凝聚力、推动力的作用。而自然资源是满足人们生理需求的必需品，是人类起源的重要前提，没有这些自然资源作为支撑，也就不会有生命的存在，更不可能有文化资源的出现与发展。因此，自然资源对人类社会起着基本而又极其重要的作用。

二、文化资源与文化遗产

（一）联系

文化资源和文化遗产都是人类通过劳动创造出来的精神和物质财富的集合，同时，这两者都具备可开发和利用的价值和条件。文化资源和文化遗产都具有禀赋性，即先天的潜质和素质。同时，文化资源和文化遗产具有强烈的不可替代性和地域差异性，这些特点决定了其独特的使用价值。从一定程度上来看，文化遗产是文化资源的表现形态之一。

（二）区别

1. 从两者定义的外延来看，文化遗产是文化资源的组成部分，并且是最重要的部分。文化遗产是历史积累的存在物，而文化资源除了历史部分，还包括当代的部分，一切人类创造的文化资料，也都可以成为文化资源。总之，一切文化遗产都可以看作文化资源，而文化资源却不一定属于文化遗产。

2. 文化遗产在历史文化的发展中已趋于定型，而文化资源由于包含着相对活跃的现代文化的部分，随着社会的不断发展，其自身也得到了不同程度的开发和创新。

3. 文化遗产具有区域性分布的特征，而文化资源则没有空间的限制，文化遗产的众多分类中，例如文物古迹、历史遗址等具有时代性和资源的不可再生性，而文化资源作为一种物质表现形式是可以持续性消费的，同时也验证了文化资源的可再生性。

4. 文化资源具有无限的创新性，但文化遗产的某些方面却无法随着时间的变化进行改变或创新。

5. 文化遗产只有转变成文化资源，才可以实现其经济价值。文化遗产是不可再生的精神资本、文化资本、经济资本和社会资本。如果仅仅把文化遗产当作珍稀物品加以保留是不够的，更重要的是深入发掘文化遗产的多重价值，将其转化为服务于人类现代和未来生活的文化资源。

三、文化资源与文化产品

在了解文化资源和文化产品的联系与区别前，首先要了解文化产品的概念。按照联合国教育、科学和文化组织的定义，文化产品包括了文化商品与文化服务。文化商品一般是指那些传递思想、符号和生活方式的生活消费品。它们是知会性的或娱乐性的，有助于构建集体身份和影响文化习惯。作为个人或集体创意的结果，文化商品通过工业化过程和世界范围内的分配得以复制和推进。书籍、杂志、多媒体产品、软件、唱片、影片、录像、视听节目、工艺和时尚设计大体为市民建立了多样化的文化供给。而文化服务是那些旨在满足文化兴趣或需要的活动。

此外，还有学者从不同的角度对文化产品下定义，如李辉认为，文化产品指的是能够满足消费者精神需要的东西，既包括实物，也包括无形的服务和体验。胡晓明和肖春晔认为，文化产品是指在文化生产中产生的承载着文化信息的物品或劳动服务。文化产品是从市场经济的角度出发的，文化产品是有别于一般产品的特殊产品。文化产品成为文化商品后，其市场价格并不一定受供求关系影响。如一些高雅艺术品由于欣赏者的逐渐减少最终退出市场，成为橱窗里的展览。郑洪涛也认为文化产品是伴随着文化生产目的而存在的，它是指满足人们精神需要，并且主要用于交换的物品或服务。

概括来讲，文化产品是指带有文化意义的产品，这里的文化意义是指产品使用价值中或使用价值以外所包含的所有象征性意义，即产品的文化价值。由此看来，文化产品是那些能够利用其特有的文化价值创造超额经济价值的社会产品，是一种兼具经济效益和社会效益的产品。文化产品有广义和狭义之分，广义的文化产品是指人类创造的一切提供给社会的可见产品，既包括物质产品，也包括精神产品；狭义的文化产品专指精神产品，纯粹实用的生产工具、生活器具、能源资材等，一般不称为文化产品。

（一）联系

1. 文化资源是文化产品的基础和来源，文化资源是文化产品的初级阶段。

文化资源在一定条件下可以得到转换，形成文化产品。文化资源的文化内涵和价值是决定文化产品形式、品位、级别和生命力的重要因素，保证文化产品的文化含量。支撑文化产品的生产就是在文化资源的基础上形成文化创意，再将文化创意转化为文化产品的过程。所以文化产品离不开文化资源，从文化产品的视角来审视文化资源，其焦点在于通过对资源的有机开发、综合利用和集成创新来丰富产品种类，提升产品品质。因而可以说文化资源是文化产品形成的基础，对文化资源的加工，形成了文化产品。

2. 文化产品是文化资源开发的结果，同时增加了全社会的文化资源总量。

文化资源可以借助文化产品的外在形式来开发利用，文化产品可以借助于文化资源来表现其丰富的精神内涵。文化资源作为一种可供产品化和产业化运作的素材，其运作的结果必然表现为一种产品形态。文化产品的产品形态非常突出，文化产品的生产主要依靠对文化资源的整理、开发、探索和创新。如果不注意挖掘优秀文化资源，不能够开发出具有特色的文化产品，将导致无法把文化资源优势转化为产品优势。文化产品被开发出来，其实也增加了社会文化资源的总量。换句话说，人类文化成果的不断积累和增长正是仰仗着文化产品的不断生产，而文化产品又不断积淀为一个社会的文化资源。如民间故事和传说可以被人加工成长篇小说，而该长篇小说又可以成为影视产品的资源，这些影视产品又可能成为广告产品的创意源泉。

3. 文化产品的生产过程就是文化资源实现价值增值的过程。

文化资源是能够用来开发利用形成文化产品，取得经济效益和社会效益的那一部分文化。由于文化产品生产的规模化、多样化、销售渠道的扩大化等原因，最终使得文化资源的价值得以实现。文化产品带来的文化资源的增值效应，同时能带来新的文化资源，人们在挖掘已有文化资源创造新文化产品或服务的同时，不仅不会让原有文化资源消耗和丧失，而且还会增加原有的文化资源的含量。所以说文化产品反作用于文化资源，它们之间处于一种相辅相成，共同发展的状态，文化产品使文化资源的价值能够得到最大化的表现。

4. 文化资源和文化产品都具有一定的审美教育功能和艺术性。

当它们作为社会文化的一部分时，能够帮助人们了解和掌握自然、社会历史发展规律，并指导人们去认识和改造世界，能够使人们从中获得知识、技能、生产生活经验、思想道德和行为规范。它们所蕴含的思想、知识、精神、情趣等，最终会转化为消费者的思想观念，从而影响人的行为、作用于社会并形成一定的社会文化环境。

（二）区别

1. 文化资源只有经过整合与开发，进入文化市场后才能在价值上得到转化成为文化产品或商品。

文化资源不是文化产品，不能直接进入市场，转化为经济利润。因此，文化资源丰富不代表文化产业发达，必须把文化资源开发成文化产品，文化才有了经济的意义。而无论是有形的文化产品还是无形的文化产品，其本身就赋予了文化和经济价值，它能够对经济的发展产生作用，表现在文化产品的内涵可以影响物质产品的文化含量、影响社会经济管理的发展方向、决定劳动者的文化素质、传播经济信息等。

2、文化资源的开发需要依托一定的载体和文化内涵才能开发成文化产品，否则，文化资源只能停留在初级阶段。

文化资源不是天然表现为文化产品，更不能立即形成文化产业，它仅仅是可供开发或具有开发潜力的物质或非物质性存在。文化产品的生产初衷就是为了进入市场，参与分配、交换和消费环节，而文化资源可以以一种天然的姿态表现，进入市场与否取决于多种要素的结合。

3、文化产品具有固定模式，而文化资源通过不同方式整合与开发会产生多种模式。

如文化产品可以表现为图书、杂志、音像制品、手工艺产品等形式，而不同的文化资源通过与其他资源结合会发生奇特的转化。例如民族文化资源与餐饮资源结合，民间故事或传说与歌舞、戏剧形式结合，自然文化资源与旅游业结合，这些结合方式都会产生新的碰撞，形成丰富的文化产业格局。

第五节　文化产业的概念与特性

一、文化产业的概念与内涵

近年来，文化产业成为广受关注的一个概念。到底何谓文化产业？它的内涵和外延是什么？如何对其进行产业分类？从实践层面来看，几乎所有与“文化”沾边或冠之以“文化”二字的产业或部门，都被称为文化产业，以至于文化产业一下子变得如此庞杂，几乎无所不包，令人眼花缭乱。而从理论的层面看，也是众说纷纭。

文化产业的定义当然是和文化的定义密切相关的。众所周知，“文化”是一个非常复杂的、多层次的概念。从广义上讲，文化（culture）是指人类创造的一切物质产品和精神产品的总和。《美国传统词典》对“文化”的阐述是：“人类群体或民族世代相传的行为模式、艺术、宗教信仰、群体组织和其他一切人类生产活动、思维活动的本质特征的综合。”狭义上，文化是指语言、文学、艺术及一切意识形态在内的精神产品。文化产业也和文化一样，是个宽泛而又模糊的概念。联合国教科文组织对文化产业的定义是：按照工业标准，生产、再生产、储存以及分配文化产品和服务的一系列活动的总和即是文化产业。党的十六大在全面部署建设小康社会的宏伟蓝图时，从理论与实践的结合上系统地提出了文化产业的概念，它既是对马克思主义文化理论的丰富和发展，也是我们发展文化产业的科学指南。十八大报告中关于文化产业的论述强调：要坚持把社会效益放在首位、社会效益和经济效益相统一，推动文化事业全面繁荣、文化产业快速发展。促进文化和科技融合，发展新型文化业态，提高文化产业规模化、集约化、专业化水平。笔者认为，文化产业是从事文化产品生产和提供文化服务的经营性行业，是从事精神文化产品的生产、流通和以文化为内涵的各种服务活动或部门的总和。其特征是以产业文化作为手段来发展文化事业，以文化为资源来进行生产，向社会提供文化产品和服务，目的是为了满足人民群众日益增长的精神文化生活需要。文化产业一般是与公共文化事业相对的概念。文化事业单位主要靠政府扶持、社会赞助，为公众提供公共文化服务；文化产业单位则主要面向市场，依法经营，自我积累，自我发展。它是社会发展到一定时期时文化与经济逐步融合的产物。

准确把握文化产业的概念，还要正确理解文化产业与文化事业、文化产业与信息产业的关系。文化产业与文化事业是文化建设过程中两个互有交叉渗透又相互独立的不同形态。它们的运作方式是有区别的：文化事业是重要的社会公益事业之一，向社会提供公共产品和公共文化服务，在此活动过程中会有一定的经济收益（如门票收入、稿酬收入），但远不能达到其从事文化活动和艺术生产所付出的成本，其运作所需的资金主要依靠政府部门拨款，主体的主要行为是非营利性活动；在文化建设活动中，文化产业是活动主体用产业方式进行运作，一般进行以营利为目的的经济活动。文化产业中的许多方面如娱乐业、演出业、电影电视业、出版业、音像业等，均在产业运作模式上获得了较大的发展。但文化产业和文化事业两者的目的都是为了满足人民群众的精神文化需求。进入 21 世纪后的今天，由于高新技术被广泛应用，使得信息产业与文化产业达到了全面互相渗透的程度，成为互为表里的现代社会的支柱产业。正是数字技术的崛起为与信息有关的一切产业提供了一个统一的平台，大众传媒（新闻、出版、广播、电影、电视、音像等）、通信（电话与无线通信以及信息业、计算机与网络）也因此而相互融合和渗透，为共同的“用户”提供服务。但在我国，两者仍有明显的界限划分，信息产业特指以电子计算机、电子通信及网络技术为载体的新兴产业。利用现代高新技术进行信息传播的领域如证券业、银行业、计算机网络业、电子通信业不属于文化产业的范畴。这是从文化产品的工业标准化生产、流通、分配、消费的角度进行的界定。

一般说来，文化产业把文化推向市场，从生产、交换到消费，文化都是被当作商品而存在的，必须核算投入与产出、成本与收益，必须赢利，必须通过资本的增值来扩大再生产。否则，就要被市场经济淘汰出局，从而无法生存。相反，文化事业则把文化当作公共产品或准公共产品，以追求最大社会效益为主要目的，不一定要赢利，甚至可以亏损，其维持生产或服务的资金完全或大部分靠国家财政拨款、社会筹集或个人捐助等，其生存和发展不受或不完全受市场经济规律的制约。如我们通常所见的公共图书馆、博物馆和国家级水准的交响乐团、芭蕾舞团等，单从经济效益上看往往是高投入低产出，却有着很高的社会效益。

二、文化产业的属性与特征

（一）文化产业的属性

1. 文化产业的文化属性

文化产业生产的目的是提供满足人们文化生活需要的产品和服务，虽然它的组成方式多数是由物质材料构成的，比如图书、音像制品等，但人们消费的不是它的物质外壳，而是物质材料所承载的文化内涵，是为了满足自我的文化需求、娱乐、休闲以及丰富自己的知识和心灵的需要。由于文化产品的内容涵盖了人类的价值标准、道德标准、审美标准，文化产品经过人的消费之后，虽然它的物质外壳会被损耗，但其内含的文化内容、精神内容不会被损耗，反而会通过新的文化成果不断地被传承下去。文化产品中的文化内容和物质形式是不可分离的，没有文化内容的物质形式是自然状态下的存在物，而不依托物质形式存在的文化内容，也仅仅是滞留在人脑中的抽象意识，不能作为被物化的文化产品来满足人类社会的精神和文化生活需求。

文化属性是文化产业最基本的属性，体现着文化产业整个生产经营活动的本质，文化产业是围绕文化而发生的生产、流通、传播等活动，是为了满足人类社会精神文化生活需求和实现人类社会文明发展的需求。人类社会的文化发展与文明进步是构成人类社会进化、历史发展的最基本要素。世界文化产业的发展历程表明，文化产业每一次在技术上和产业形态上的超越与升级，不仅提供了人类社会交流、沟通的手段和认识世界的方法，更重要的是，它拓展了人类社会改造世界的方法和途径，推进了人类社会文明的发展和文化的进步。

例如，文化产业和信息产业的结合，使人类社会文化传播模式出现了由纸介质为中介向电子化、数字化方向的转变，改变了人们以往的交往方式和思维方式。德国媒体心理学家温特豪夫·斯伯克教授通过对电视和人的行为心理关系研究后指出，电视已悄然成为一个隐蔽的教育者，开始塑造新的社会性格。手机短信、网络传播等一些新型的文化产业形态正像当年电影发明后给人类的社会关系、文化传播带来革命性变革一样，这些新的文化产业形态的迅猛发展，正在日益成为未来人类社会存在的重要方式。

2. 文化产业的经济属性

“文化产业是属于这个时代最有挑战力商人的最大蛋糕”，这是美国通用公司原总裁杰克·韦尔奇经常说的一句口头禅。在当今时代，经营文化已成为创造财富的主要潮流之一，精神文化需求以及由它带动的消费需求已成为经济发展的新空间，满足人们的精神文化需求成为促进经济增长极其重要的动力。

文化产业的经济属性主要是指文化产业的产业性质和促进社会经济增长的作用。在产业经济学领域，所谓的产业主要是指介于微观经济细胞（家庭、企业）与宏观经济单位（国民经济）之间，生产和经营同类产品的“企业群”。文化产业就是指生产和经营文化产品的“企业群”，文化产业同其他从事生产和经营活动的产业部门一样具有经济属性，也是以追求利润增长、产品的价值补偿和实现企业增值为目标的。

在文化产业全部生产经营过程中，无论是文化产品的生产，还是文化产品的消费，都涉及市场经济活动中最基本的买卖行为，都会发生各种各样的经济关系，实现各自追求的经济目标。文化企业作为市场经营主体，它要考虑投入产出、成本核算、市场规律、赢利模式，等等。与文化产品生产者相对应，作为文化产品消费者实现的任何文化消费，都要遵循市场经济规律中的商品交换原则，通过商品交换，实现文化产品消费。在这里，文化产业主客体的关系就表现为纯粹的经济行为和经济关系。调节这些生产、消费关系的市场经济规律，像适用于其他物质生产产业一样，同样适用于文化产业的生产和消费过程。

尽管由于文化产业的特殊属性，文化产品与普通物质产品相比，在内容和价值上有着难以评估的特殊性，但这些文化产品的生产和服务毫无疑问是人的脑力劳动与体力劳动相结合的结晶，是文化产品的生产者通过其创造性劳动所体现出来的生产力要素的转化，劳动力的价值经过市场的转换，达到满足消费者精神文化生活需求的目的，从而通过使用价值体现出其具有的交换价值。可见，文化产业所提供的文化产品和文化服务，进入市场被消费者接受以后，进而达到了使用价值和交换价值的统一，体现出其经济属性。文化产业依靠这种经济属性，在社会经济发展过程中产生出越来越大的经济效益，文化产业创造出的巨大物质财富，在许多国家已成为支撑整个国家社会经济快速发展的支柱性力量。

3. 文化产业的政治属性

在社会生活中，文化产业生产的产品或提供的服务中，许多内容都含有对现行社会政治制度的态度，对政府制定的方针政策的态度，对国家政权的态度，从而对社会政治的发展构成影响，影响社会大众对政治主体的褒贬态度，也影响到国家政权的巩固和稳定。因此，文化产业的核心部分（比如新闻出版、大众传媒、影视作品等），作为社会的舆论工具有强烈的参政性和导向性。

在当代中国文化产业的发展过程中，作为观念形态物化的文化产业，构成了中国共产党发展文化执政力的使命和内容。要把文化产业的发展作为建设社会主义先进文化来抓，要把在市场经济条件下发展文化产业作为满足社会大众的精神文化生活来抓。社会主义先进文化的建设是具体的，不是抽象的。今天的农民已经不是简单地在田间地头听广播，工人也不再是简单地在班组读报纸，全新的文化产业的生产、传播、服务方式，成为文化产业服务社会、服务国家的一个重要渠道。从这一点上说，文化产业的政治属性能在市场经济的运行中生动地表现出来。

4. 文化产业的意识形态属性

按照马克思主义的基本原理，文化具有意识形态性，它属于社会上层建筑的范畴。文化产业作为以文化为主要内容进行生产和经营活动的经济领域，因其生产和经营的文化产品和服务所具有的意识形态属性，其产业生产和经营活动也同样具有意识形态属性，文化产业通过其产品的生产过程或者是生产出的文化产品融入意识形态的内容和因素。在文化产业产生之前，文化作为国家上层建筑的组成部分，作为统治阶级维护其统治利益的工具，是以各种文化作品的形式直接体现着统治者的意志。随着文化产业的出现，文化为统治阶级服务、体现统治者意志的功能和方式也发生了变化，由过去的直接方式逐步转化为间接的、依托于文化产业的中介方式，依附于文化产业所生产的产品和提供的服务。现代社会的文化产业通过生产和服务向社会提供具有特定思想价值、文化价值的产品，通过消费者最终表现为文化消费，由此也衍生出文化消费意义上的演变。这种演变不仅仅是爱好、兴趣、审美以及购物习惯的改变，而且是对社会、个人、家庭和国家等概念在认知上的革命性转变，造成这种转变的原因即是由于文化产业的形成和发展。因此说，文化产品尤其是文化产业核心层的文化产品，是具有鲜明的意识形态属性的特殊商品。

从文化产业范畴的三个层面看，其包含的社会观念和意识形态对国家与社会的影响度，从相关层到外围层，再到核心层，是一个由弱渐强的变化。影响力最大的是包含广播电视、新闻出版、影视作品等类别的文化产业核心层，掌握文化产业核心层的主导权，就掌握了社会意识形态的主导权。由于广播电视、新闻出版等在整个社会意识形态的演变中具有与大众沟通的直接性、通俗性，广播电视业和新闻出版业等自然地处于整个文化产业的核心部门，世界上各个国家对广播电视业和新闻出版业的管理与市场准入的控制，也就成为各国政府实施文化管理的一项重要内容。由于文化产业在文化生产与传播中具有其他产业经济形态所不具有的意识形态属性，关于文化产业准入的制度设计、政策规定以及各个国家在这一领域展现出来的竞争，客观地造成文化产业成为意识形态问题的重要一环，并把它作为意识形态建设的一项重要工作来进行管理。

（二）文化产业的特征

文化产业是文化要素的产业化，它的生产要素是抽象的文化；文化要素是文化产业的基础和内容。虽然抽象的文化离不开具体的物质载体，但其中抽象的文化要素的重要性所占的比重要远远大于具体的物质载体。它的发展既要遵循市场经济的一般规律，又必须遵循文化自身的发展规律，社会效益最大化是其必然追求。所谓社会效益，是指活动的结果对社会全面进步所产生的影响。文化产品的社会效益主要表现为指向功能、引导功能、服务功能、净化功能等方面。文化产品必须能够提高人们的科学文化水平与思想道德水平。

文化产业的本质特征揭示了文化产业与其他经济部门的根本差别。文化产业与一般经济部门有明显的不同之处。

1. 文化产品具有商品和公共品双重属性

文化产品是一种以提升人们的精神生活为目的的特殊产品，它包括精神和物质两种形态。一类以物化劳动形态为存在形式，另一类以活的劳动或劳务形态为存在形式。作为精神产品的文化产品，同其他物质商品一样，生产过程中消耗了一定量的社会必要劳动，是一种劳动产品，具有商品的一般属性。但是，文化产品又与一般商品不同，它具有公共品的特殊性。纯粹的公共品与私人品相比，具有非竞争性和非排他性两个基本特征。

一般物质商品的消费是人们的一种占有与直接的使用消耗，而文化商品的消费方式在很多情况下是欣赏，它所消耗的只是文化艺术的物质载体，其文化价值不但不会消耗，反而在人们的共鸣中进一步丰富。许多文化产品不会在消费中立即消失，如一部优秀的文学作品、电影，可以通过再版和复制拷贝获得永久的流传。许多非竞争性的文化产品的消费并不影响其他人的消费，如广播电视报道的时事新闻，可以被世界各国数以亿计的人同时接受。受众人数的增加，既不会减少原有的消费，也不会增加供给的成本。有些文化产品是以整个社会为对象，社会的每一个成员都可以无偿获取并消费，如城市街头的雕塑和画廊，广场社区的音乐会等。同时，由于文化具有传承品格，公益性的文化产品对社会具有积极的意义，因此，即使对消费者的排他收益超过排他成本，也不能放弃文化产品的公共性。

2. 文化产业的本质在于文化的市场化与产业化

文化产业区别于其他产业的独特内涵和本质特征就在于，它提供的不是一般的物质产品，只满足消费者的物质需求，它提供的是精神产品，“直指人心”，满足人们的精神文化需求。从文化到文化产业是一个历史过程，即文化的产业化过程。在现代社会，随着科学技术的发展，大规模的城市化和人口的高度集中，以及精英教育向大众教育的转变，孕育了庞大的文化消费市场和消费群体。各种文化要素本身就能够成为孵化人类消费欲望的资源，或者说成为现代消费生活的对象。人不仅是一种经济动物，更是一种文化动物，是文化的实践者。

按照马斯洛的需求层次理论，人在基本的生理需求获得满足后，势必会产生满足自己精神生活的需求，这样，文化不仅是人类精神活动的创造物，也可以成为精神生活的消费对象。在这个过程中，在强劲增长的市场需求的带动下，文化生产和传播的各个环节逐步展开，并成为一个包括创意、生产、销售于一体的产业链条，形成了一个独立的新兴产业——文化产业。

3. 文化产业的知识密集性

知识是文化产业增长的主要贡献因素，文化产业并不过多借助于物质的力量，物质力量仅仅是其载体和润滑剂，是实现文化价值向经济价值转变的手段。人的精神、智慧与思想是文化产业的内核，是财富的直接来源。在文化产业链条中，内容的创意是文化产业的起点，其余所有的环节——生产、再生产和交换都是围绕知识和创意展开的。文化产业是高固定成本、低边际成本，甚至是零边际成本的产业。文化产品生产创造之初，需要投入大量固定成本，但是一旦固定投资成本形成，在追加产品生产时，边际成本迅速地下降，甚至下降为零。比如制作激光唱盘，第一张光盘的成本极高，但是大量复制后，边际成本就趋向于零。这也说明文化产业需要很大的规模经济，如果没有强大的规模经济，就难以市场化。

文化产业的知识密集性还体现在必须运用新思想、新观念和新方法去整合、发展产业，创造财富。也正因为如此，文化产业属于高收入弹性产业，只有在人们的收入水平达到一定程度之后，人们的精神文化需求强度足以支撑整个产业的发展时，才能作为一个独立的产业兴起和发展。

4. 文化产品的可复制性

文化产业的核心虽然在于“原创”，但是文化产品主要是通过对原创文化符号大批量复制生产出来的。文化产业的复制生产与传统制造业的批量生产有着本质不同。传统制造业的生产，比如汽车，只能称为制造，而不能称为复制。复制的含义是将一个产品重新编码，然后作为自己的内容去复制再现。因此，文化产品的复制一方面是复制文化内容的载体（如光盘），另一方面是将文化产品的内容加上自己的理解进行解码。文化产业的标准化生产指的就是复制品的“逼真性”和无差异性，就其生产了大批的科技载体而言，文化产业是在进行制造；而就其产品所负载的文化内容来说，文化产业是在进行复制。

5. 文化产业边界的不确定性

任何一个经济体系中的产业，一般应具有相对清晰的产业边界，这也是作为一个独立产业所要求的。但是，文化产业与其他产业在此方面有着显著不同。文化产业直接诞生于经济与文化的互动关系，这两大领域的对接使经济和文化中的各个环节都可能是文化产业的范围。不仅如此，文化产业还在经济和文化之外拓展了新的领域。“从运作方式看，文化产业不仅涉及经济与文化的互动性和互补性，还拓展了‘以知识和信息为资本’的生产空间，包含了‘以智力资本、文化资本、数字资本为运营方式’的新的信息文化产业。从人类生存发展的空间而言，文化产业不仅涉及人的基本存在样式，还提升人的生活质量。”

文化的广义性决定了文化产品的广义性和文化产业的包容性、扩展性，使我们很难给出一个稳定的文化产业边界。因此，在统计和对文化产业进行数量分析的时候要非常小心，不能随意扩大或减小，在进行国际比较时尤其要注意统计口径的差异。

6. 文化产业的意识形态性

文化产业的意识形态性来源于文化的意识形态性。文化是带有意识形态性质的特殊商品，文化的商品生产中还存在产品的商品性与艺术性、意识性的矛盾，对上述矛盾的调节，市场是失灵的。因而，文化不能全面市场化，只有适合市场化运作的文化产品和服务才能市场化。即便对于商品性文化生产，也应采用政府规制、管理和调节的模式，实现以先进文化为指导的原则。对文化资源的配置，绝不可以听任市场的自发作用，应该有效发挥政府的功能，使市场的“搞活”“调适”功能与政府的管理和指导相结合。

三、文化产业的地位与功能

文化产业是经济建设的新干线，是 21 世纪最有前途的产业之一，并为精神文明建设开辟了新途径。

文化产业的功能是指文化产业系统在人们的社会实践中能适应和满足社会与个人多种需要的重要作用。文化产业的功能是文化在自身属性基础上对社会环境的作用能力，它是文化对社会发生作用的基础和前提。总的来看，文化产业具有经济功能、政治功能和社会功能。

（一）经济功能

1. 文化产业是当今世界发展中新的经济增长点

以文化娱乐、影视传媒、音像制品、新闻出版、文化旅游等为本位的文化产业，被国际经济学界公认为“朝阳产业”。20 世纪 90 年代以来，文化产业成为全球发展最快的产业之一。

统计数据表明，2005 年，美国全部版权产业规模约为 1.38 万亿美元，占 GDP 的 11.12%，其中，电影、音乐、软件等核心版权产业约为 8190 亿美元，占 GDP 的 6.56%。2007 年，美国核心版权产业的增值是 8891 亿美元，大约占 GDP 的 6.44%，而总体版权产业的增值上升到 1.52 万亿美元，占 GDP 的 11.05%。2015 年，美国全部版权产业规模近 2.1 万亿美元，占 GDP 的 11% 以上，其中，核心版权产业为 1.2356 万亿美元，占 GDP 的 6.88%。韩国则把“文化产业立国”作为一项基本国策。当前国际电影、电视、广播、出版、报纸、娱乐等已走上集团化、规模化的发展道路，形成了许多大型的跨国文化产业集团。

2. 文化产业是当今社会以及未来社会财富积累的重要源泉

社会财富积累主要来自两个方面：一是自然资源，二是生产劳动。在人类社会发展的初级阶段，自然资源在社会财富的积累中起着主要的作用。自然资源丰富的国家或地区，只需付出比其他国家或地区少得多的劳动，就可以获得较多的财富；而自然条件恶劣的国家或地区，即使付出巨大劳动，仍然只能获得较少财富。但是，随着社会经济的发展，特别是科技的发展，自然资源在社会财富积累中的重要位置逐渐被知识与文化所取代。一方面，自然资源具有有限性、消耗性和不可再生性，随着人们生活质量的提高，继续采用消耗自然资源的方法来增加社会财富，必然破坏各种资源，带来生态失衡等一系列问题。另一方面，随着社会的发展，社会财富的形态也发生了变化，从过去重视物质形态向重视精神形态转变，知识经济、知识产权、信息产业的文化财富含金量，大大超过了以金、银等为基础的物质财富含金量。特别是文化产业的发展，会促进人们更新观念，带动经济更快地发展，使社会财富更快地增长。

（二）政治功能

文化产业之所以具有政治功能，主要是因为文化产品本身承载着一定的思想和意识形态内容，可以说，文化产业发展所创造出来的文化产品，是新型的政治控制和教育工具。

1. 文化产业具有传播价值观念的功能

文化产业虽然不像文化事业那样具有强烈的使命意识和责任意识，但其同样具有教化功能。一方面，文化产业要追求经济效益，就必须具有普遍的可接受性，必须以大众可理解和可接受的形式表达一些大众共同认可的价值观念。而大众在接受和享用文化产业时，总是会受到他们所共同认可的价值观念以及相应的行为准则的教育。文化产业通过为人们提供一系列关于对与错、善与恶、美与丑、真与假、好与坏、是与非等的判断标准，使人产生正义感、耻辱感、是非感等一系列思想观念，从而形成一定的人格修养，制约人们的思想行为。现代西方国家的文化霸权和文化入侵基本是以文化产业为载体进行的。

2. 文化产业具有维护国家安全的功能

文化产业不仅具有重要的社会价值和经济价值，而且具有维护国家安全的战略价值，关系到国家政权的巩固和稳定。我国加入世界贸易组织后，西方文化产品大量进入我国，西方文化价值观念也随之输入。美国一些政界人士公开地说，现在“美国最大的出口不再是土地里的农作物，也不再是工厂里的产品，而是批量生产的美国文化”。一些资产阶级政客甚至公开叫嚣，在同社会主义的斗争中，最终起作用的是思想，是文化，而不是武器。因此，在对外开放不断扩大的情况下，我们受到西方发达国家优势文化产品的巨大压力，面临着被它们挤出市场的危险；受到西方发达国家强势资本的冲击，面临着失去人才、失去竞争力的危险；受到美国文化霸权主义的威胁，面临着被“西化”“分化”的危险。在这种复杂的情况下，我们只有寻求机遇，捕捉机遇，加快文化产业发展，才能保持文化独立，维护国家安全。

3. 文化产业具有稳定社会秩序的功能

现代管理科学认为，一个人犯罪概率的大小与他业余时间的安排有直接的联系。一般来说，空余时间过多且无所事事，人的犯罪概率就高。因此，研究对人的管理，关键是研究人对空余时间的分配。如果大量增加人的文化消费时间，就可以大量减少人的社会犯罪时间。随着社会发展，一方面随着人们节假日的增多，人们的业余时间越来越多；另一方面，人口流动性的增强带来了城市人口的增加，打架斗殴、赌博犯罪等不稳定因素也随之增加。文化产业为大众提供各种文化娱乐和文化服务，使大众不仅可以很好地安排业余时间，而且可以获得身体的放松、感情的宣泄、心理的平衡。可见，文化产业对社会的稳定具有非常重要的促进作用。

（三）文化功能

文化产业的文化功能是由其产品和服务的文化属性所决定的。这种文化产品和服务的消费，是以各种物质形式为载体的精神文化消费，所承担的人类社会文化传承和文化建设是文化产业发展的基本功能。

1. 体现为对人类社会文明、社会历史的传承和发扬

几千年的人类社会文明发展史积淀下了深厚的历史文化传统，是人类社会不断进步的根基。这些历史文化传统是文化产业得以发展的宝贵资源，是

创造优秀文化作品的思想源泉；同时，文化产业也为优秀传统文化的传承提供了载体。文化产业使文化传统能得到更有效的传承与发展，一些濒临失传的文化作品或形态，通过文化产业的形式得到了保护。中国是有着悠久历史的文明古国，先人给我们留下了数之不尽的文化宝藏，我们可以通过大力发展文化产业，在保留传统文化精华的同时，使文化资源以新的表现形态得到传承和发扬。例如，一部《三国演义》经过数百年的流传，到今天给我们留下了浩繁的“三国文化”。从20世纪80年代至今，在我国的影视界，以三国文化为题材，掀起了改编三国故事的潮流。电视连续剧《诸葛亮》、电影《曹操与华佗》、长篇电视连续剧《三国演义》等隆重推出，此外，还有《吕布与貂蝉》《曹操与蔡文姬》等电视剧热播荧屏，在一段时期内形成了“三国题材影视剧”热。近几年，电影《赤壁》、重新拍摄的长篇电视连续剧《三国》又在国内形成了影视剧市场上新一波的三国题材热。除电影、电视剧作品外，中外围绕三国历史时期题材创作的动画、网络游戏作品也是数量繁多。在湖北、四川等地，以三国时代古迹为主开发的“三国文化旅游”，具有很强的市场吸引力。“三国文化”在国内外文化市场上已形成了一条长长的文化产业链，悠久的中华文明在文化产业的发展中将会得到更加多姿多彩的传承。

2. 通过传播科学文化知识，提高社会大众的文化修养和人文素质

文化产业的生产是通过对文化产品大规模的创造、复制，使文化产品得以广泛地传播和扩散，文化产品所蕴含的认知教育得到发挥。无论是书报刊出版，还是广播影视、文艺表演等，都能让消费者在消费文化产品或享受文化服务的同时，获得一定的科学文化知识，使人们了解社会，学习历史，学习生活常识，扩大知识视野，丰富心灵世界。影视剧、书报刊、文艺演出等都包含着丰富的社会、历史、人文、科技等知识，能增加人们对自然、对社会和人生的了解，使社会大众在消费文化产品的同时，自身的文化修养、文明素质、科学知识也能得到丰富和发展。

3. 促进各个国家或地区之间文化传播和交流

全球化扩大了各个国家和地区之间的文化交流。计算机技术的发展、网络时代的到来，缩短了人们的时空距离，文化交流和文化贸易已成为各个国家文化产业发展中的重要选项。对我国来说，一方面，大量的文化产品出口有助于实现文化产业“走出去”战略，既可以把优秀的中华文化推向世界，增进各个国家对中华文化的认知和理解，也可以发展壮大我国文化产业的规

模和实力；另一方面，吸纳世界优秀文化产品的精华为我所用，实现不同文化的交融和对话，能为发展我国文化产业提供更好的基础和更宽广的舞台。

（四）休闲娱乐功能

按照马斯洛关于人的五层次需求理论，人类社会要想发展下去，首先要满足衣食住行等最基本的生存需要。随着社会经济的发展、财富的增加，人们在满足基本生存需要之外，在精神文化生活方面的追求就会愈来愈多；随着社会大众工作以外的闲暇时间增加，对精神文化生活需求也在增加。中国有句古话叫“仓廪实而知礼节，衣食足而知荣辱”，许多国家社会发展的历程也表明，一个国家在进入中等以上发展水平以后，居民消费将由生存型、温饱型向小康型、享受型转变。这时，文化需求快速增长，文化消费日渐活跃，并逐渐向个性化、高品质化方向发展。2017 年，中国人均 GDP 已超过 8800 美元，这就意味着社会大众的文化消费需求将进入一个快速增长的阶段。对精神文化生活需求的发展速度会比对物质生活需求的发展快得多，文化生活的消费在总消费中的比重将逐渐加大，书籍、音像、影视、娱乐服务、旅游服务、服装文化、饮食文化等文化产品和服务必然会大量出现在文化市场中。

在现代社会，拼命工作、努力享受，已经成为都市大众尤其是年轻白领阶层的主要生活方式。在快节奏的社会生活中，人的身心压力越来越大，而文化产品具有抚慰心灵和寓教于乐的功能，故在一定程度上缓和了城市大众在现实生活中的心理紧张和内在焦虑感，也强化了都市个体对社会的认同感和安全感。同时，更重要的原因还在于，在现代社会，文化产业所提供的大众文化（或经营性文化）具有协调人与机械的平衡、为技术时代人的焦虑提供宣泄性治疗的功能。当代文化产业在这方面的功能和作用体现得越来越突出，各种各样的休闲娱乐场所，各种形式的文化产品提供给消费者后，使人们宣泄情感，消除压抑、紧张、疲劳的状态，缓解人们的心理负荷，获得愉悦、轻松、快乐的体验或其他享受。文化产业已成为现代都市生活中不可缺少的组成部分。

四、文化产业的边界与类型

（一）文化产业的边界

2012 年，国家统计局在与中宣部及国务院有关部门共同研究的基础上，修订了《文化及相关产业分类》，从国家有关政策方针和课题组的研究宗旨出发，结合我国的实际情况，将文化及相关产业概念界定为“为社会公众提供文化产品和文化相关产品的生产活动的集合”。

根据这一概念，文化产业的边界为：

（1）以文化为核心内容，为直接满足人们的精神需要而进行的创作、制造、传播、展示等文化产品（包括货物和服务）的生产活动；（2）为实现文化产品生产所必需的辅助生产活动；（3）作为文化产品实物载体或制作（使用、传播、展示）工具的文化用品的生产活动（包括制造和销售）；（4）为实现文化产品生产所需专用设备的生产活动（包括制造和销售）。

（二）文化产业的类型

国家统计局还将文化产业分为文化产业核心层（包括新闻服务，出版发行和版权服务，广播、电视、电影服务，文化艺术服务）、文化产业外围层（包括网络文化服务，文化休闲娱乐服务，其他文化服务）和相关文化产业层，包括：文化用品的生产和销售（如文具、乐器、玩具、印刷纸张、书写纸张、空白磁带、空白光盘、电影胶片、照相器材、摄影胶卷、游艺器材等的生产和销售活动）；文化设备的生产和销售（如新闻采编设备、广播设备、专业电视设备、电影设备、印刷专用设备、电视机、光碟机、收录机、音响设备等的生产和销售活动）；相关文化产品的生产和销售（如工艺品、摄影作品、专业设计等的生产和销售活动）。

北京市统计局按照市委、市政府《关于加快北京市文化产业发展的若干意见》中提到的有关文化产业的内容和有关专家对文化产业的界定，认为文化产业主要应包括以下方面：（1）书报刊出版、印刷和发行业；（2）文化艺术业；（3）文物保护业；（4）广播、电影、电视业；（5）文化娱乐业；（6）体育；（7）摄影及扩印业；（8）园林业（包括公园、动植物园和自然保护区）；（9）广告业。有些部门或省市也将旅游业作为文化产业的组成部分，但由于旅游业不仅涉及交通、通信、住宿、餐饮、购物等诸多服务行业，而且与上述文化产业中的各行业交叉较多，很难准确进行行业核算，因此，文化产业中是否包括旅游业尚待有关部门和专家讨论。

第二章

旅游与旅游产业

第一节　旅游的概念与内涵

一、旅游的概念与内涵

“旅游”一词，最早见于我国南北朝时期南朝诗人沈约所写的《悲哉行》一诗：“旅游媚年春，年春媚游人。徐光旦垂彩，和露晓凝津。时嘤起稚叶，蕙气动初频。一朝阻旧国，万里隔良辰。”这是迄今所知“旅游”一词见于中国典籍的开始，它比西方 tourism 一词的出现要早 1300 多年。

（一）国外关于旅游的定义

1811 年英国出版的《牛津词典》将“旅游”界定为：“离家远行，又回到家里，在此期间参观游览一个地方或几个地方。”这是对旅游定义的最早描述。

瑞士学者亨泽克尔和克雷夫于 1942 年合著的《普通旅游学概要》对旅游的定义是：“旅游是非定居者的旅行和暂时居留而引起的现象和关系的总和。这些人不会导致永久居留（后改为‘非主要居留’），并且不从事任何赚钱的活动（较少从事赚钱活动）。”该定义在 20 世纪 70 年代被旅游科学专家国际联合会（AIEST）所采用，又称为“艾斯特”定义。这也是目前在旅游学界影响较大的一个定义。

英国萨里大学的伯卡特和梅特利克在 1974 年合著的《旅游的过去、现在和未来》中认为“旅游是指人们到其正常工作和生活以外的目的地的临时和短期的运动，以及他们停留在这些目的地上的一切活动”，并且指出“旅游发生在人们前往和逗留在各种旅游地的流动，是人们离开他平时居住和工作的地方，短期暂时前往一个旅游目的地运动和逗留在该地的各种活动”。

世界旅游组织在 1980 年马尼拉会议之后，曾提到要用“人员运动”（Movements of Persons）一词取代“旅游”（tourism），将其定义为：“人们出于非移民及和平的目的，或者出于导致实现经济、社会、文化及精神等方面的个人发展及促进人与人之间的了解与合作等目的而进行的旅行。”

（二）国内学术界关于旅游的定义

《中国百科大辞典》中提出：旅游是人们观赏自然风景和人文景观的旅行游览活动，包含人们旅行游览、观赏风物、增长知识、体育锻炼、度假疗养、消遣娱乐、探险猎奇、考察研究、宗教朝觐、购物留念、品尝佳肴以及探亲访友等暂时性移居活动。从经济学观点看，是一种新型的高级消费形式。

谢彦君等在《旅游学概论》（1999 年）中提出：旅游是个人前往异地以寻求审美和愉悦为主要目的而度过的一种具有社会、休闲和消费属性的短暂经历。该定义强调了四个要点：①旅游的根本目的在于寻求审美和愉悦体验；②旅游是一种个人体验；③空间上的异地性；④时间上的暂时性。

魏向东在《旅游概论》（2000 年）中提出：旅游是旅游者在自己可自由支配的时间内，为了满足一定的文化享受目的，如休憩、娱乐、保健、求知、增加阅历等，通过异地游览的方式所进行的一项文化体验和文化交流活动，并由之而导致的一系列社会反应和社会关系。

李天元教授在其《旅游学概论》（2003 年）中认为：“旅游是人们出于移民和就业任职以外的其他原因离开自己的常住地前往异国他乡的旅行和逗留活动，以及由此所引起的现象和关系的总和。”

以上这些定义基本上反映了人们对旅游的认识。笔者认为，谢彦君所作定义的内涵和外延比较清晰。这一定义有三个要点：第一，规定了外出目的，包括休闲、娱乐、度假、探亲访友、商务、专业访问、健康、医疗、宗教朝圣及其他；第二，离开其惯常环境到其他地方的旅行；第三，在外连续停留时间不超过一年。

尽管以上这些定义侧重点有所不同，但都表现出两个共同之处：一是旅游是离开常住地到异地或异国的活动；二是人们前往旅游目的地，在那里做短暂停留的活动。另外，不论从何种角度出发，旅游均具有其目的性：或是以休闲、公务或其他为目的，或是以审美、娱乐和社会交往为目的。

对绝大多数旅游者而言，外出旅游主要是为了寻求愉悦，因此笔者认为以审美和愉悦为目的的旅行更贴近现代旅游的实际情况。

通过以上分析，并结合现代旅游发展的客观实际，可以对旅游形成更深的认识，本书认为对旅游下定义时应该把握住旅游的三大特征：一是目的性；

二是异地性；三是短暂性。

二、旅游的特征与功能

（一）旅游的特征

旅游是一项内容丰富、形式多样、涉及面极广的社会经济现象，是一种短期性的特殊生活方式。旅游以其自身特色从一般的社会活动中脱颖而出，得到了全社会的积极参与。概括地说，旅游具有普及性、地缘性、综合性、文化性、异地性、短暂性、流动性等基本特征。

1. 普及性

第二次世界大战以前，旅游只是少数有闲阶级享受的权利。“二战”以后，特别是 20 世纪 60 年代以后，大众阶层成了旅游队伍的主力，旅游度假成为普通大众都可享有的基本权利。正如世界旅游组织在 1980 年发表的《马尼拉宣言》中明确提出的，旅游也是人类社会最基本的需要之一。

随着国际经济文化交流的发展，各国享受带薪假期的职工不断增多，带薪假期的时间不断延长，旅游成为一种生活方式，融入了人们的日常生活。如英国平均每年外出旅游三次的人数占到全国总人口的一半以上，法国平均每年外出度假三次的人数占 45%，瑞典更是高达 75%。在经济发达国家中，大多数家庭都有自己的旅游预算。即使是那些生活并不富裕的家庭也总要精打细算，以便能够保证实现至少一年一次的全家旅游度假计划。

在我国，随着居民收入水平不断提高，闲暇时间增多，已经达到了年人均出行三次的旅游规模。2007 年国内旅游达到 16.1 亿人次，2008 年国内旅游达到 17.7 亿人次，2014 年国内旅游达到 36 亿人次，2015 国内旅游已经突破 40 亿人次，在短短的 8 年时间里国内旅游人次增长了近 2.5 倍。在一些经济发达的城镇和富裕农村，旅游已经成为生活中的重要组成部分。

2. 地缘性

地缘性也称为地域集中性，是指旅游者并非平均分散于世界各地，而是往往集中到某些地区开展活动。旅游的地缘性是由区域旅游表现出来的。在世界旅游的发展中，区域性旅游一直保持着绝对优势。在欧洲，区域性国际旅游者约占 80%，北美与亚太地区约占 50%。

旅游的地缘性在一些主要客源国表现得更为突出：美国与加拿大各自接

待对方的旅游者约占其接待入境总人数的50%左右；西班牙接待的旅游者中，来自法国、葡萄牙、英国与德国的旅游者达70%以上，如果再加上来自荷兰、比利时、意大利与瑞士的旅游者，则超过了80%。造成区域性国际旅游出现的原因是多方面的，主要有距离较近、交通便利、签证及旅游手续简便、时间和开销相对较少、文化传统相近和语言障碍少等因素。

我国入境旅游者中早期以亚洲地区的客源为主。这从国家旅游局公布的统计数字就可以看到，2006年和2007年，在16个主要客源国中，亚洲国家高达10个，其中韩国、日本居于第一位、第二位。而到了2014年，我国入境旅游者则以欧美地区的客源为主，在10个主要客源国中，欧美地区国家高达6个，其中美国、德国、英国分别居于第一位、第二位、第三位。这说明我国的入境旅游主要客源国由东方向西方转移，由近程市场向远程市场扩散，由低端市场向高端市场发展。

3. 综合性

旅游者在外出期间，对吃、住、行、游、购、娱等方面的服务都有需求，因此必须保质保量地提供餐饮设施、住宿设施、交通设施、景点设施、商场设施、娱乐设施、邮政电信设施、会议设施等。比如，外出旅游的活动形式可以多种多样，如观光、探险、娱乐、探亲访友等，对旅游活动客体内容的要求可能千差万别。另外，旅游资源既有自然的又有人文的，既有物质的又有精神的。因此，旅游活动和社会的、经济的、文化的、自然的要素都有联系，涉及经济、社会生活的诸多方面，多要素构成的复杂关系反映了旅游活动具有综合性的特点。

4. 文化性

旅游活动的目的和形式多种多样，游历名山大川、体验奇风异俗、欣赏音乐舞蹈、品尝美味佳肴、遍访名胜古迹都是人们旅游的目的，旅游者期望在精神和物质两方面都有所收获。个人的兴趣爱好可能不同，但追求精神愉悦、学习文化知识、获得审美享受、寻求自身发展和价值承认却是古今中外旅游者的共同愿望。因此，旅游具有文化享受的特点。

5. 异地性

旅游是旅游者离开常住地，到异国他乡进行的精神文化活动，是一种特殊的生活方式。人们长期在一个地方生活，久而久之，对日常所见的环境就会感到平淡乏味，希望到异地猎奇探新，进行文化交流和生活体验，而旅游活动则能实现人们的这种需要，异地的自然风光、人文景观、民俗风情可满足他们的愿望。因此，异地性是旅游的特点之一。

6. 短暂性

旅游是旅游者在异地短时期的活动，人们离开常住地一段时间又返回常住地，是一种不同于在常住地的活动形式。因此，短暂性是旅游的特点之一。当然为了统计的需要，有关组织对“暂时”的长短做了规定，如世界旅游组织规定时间不超过一年。

7. 流动性

旅游活动是暂时的异地活动，旅游者从客源地流向旅游目的地，从一个游览地流向另一个游览地，这就决定了旅游活动的流动性。旅游者的流动性构成了对交通的需求，这成为旅游活动的特点。

（二）旅游的功能

旅游是个人以前往异地寻求审美和愉悦为主要目的的旅行，其最根本的特征是异地性和短暂性。旅游活动的本质决定着其功能。旅游功能指的是旅游发展在社会、经济、文化等方面发挥的有利作用，它主要体现在三个方面：文化交流功能、经济功能、教育与情感功能。

1. 文化交流功能

旅游是人员的空间移动，这一过程必然引起文化的交流。人们通过旅游的形式进行交际活动，拉近了社会各阶层以及民族之间的距离，使人们消除偏见、增进感情。

人们往往通过旅游来促进各国间的文化交流。旅游史研究已经表明，玄奘取经、鉴真东渡，对有关国家文化、科技的交流都起过重要的作用。1274 年，意大利人马可·波罗到达元朝大都，在中国游历了十余年，其著作《马可·波罗游记》开阔了欧洲人的地理视野，引起了他们对东方的向往，开启了中西方之间政治、经济、文化上的广泛交流。伴随着旅游活动的产生和开展，旅游者的生活方式、价值观念也会自然而然地影响到旅游接待地，旅游目的地的生活观念和生活方式会有明显的改变。

1980 年 9 月，世界旅游组织一致通过的《马尼拉宣言》指出：“旅游在国际关系和寻求和平方面，在促进各国人民之间的相互认识和了解中，是一个积极的现实的因素。”旅游作为人民之间普遍性社会交往的一种活动，不仅有助于增进各国人民之间的相互了解，而且有助于加强国家之间友好关系的建立。

2. 经济功能

现代旅游是一种规模大、范围广的活动，涉及众多产业部门和企业。没有它们提供的支持与服务，旅游活动是不容易完成的。产业部门和企业的介入就必然促生经济功能。旅游的经济功能主要体现在旅游企业、目的地社区居民的收入等方面。

旅游企业包括旅行社、住宿接待、旅游车船公司、旅游商店、景区景点等。上述旅游企业共同努力，致力于满足旅游者的需求，在向旅游者提供旅游资源、旅游设施和旅游服务的同时，也获得了一定的经济效益，自身得以发展壮大。

经济功能不仅存在于微观方面，也同样存在于宏观方面。旅游在宏观经济方面主要表现为增加外汇收入、平衡国际收支、回笼资金、扩大就业等。

旅游不仅表现为在国家和区域间收入的重新分配，同时因其劳动密集型服务业的特性，在提供大量就业机会、解决就业问题的同时，可形成新的社会财富。

3. 教育与情感功能

作为一种特殊的生活方式，旅游可以扩大人们的视野，增添地理、历史、艺术等多方面的知识。“读万卷书，行万里路”，这句广为流传的名言深刻地揭示了旅游在增进学识和才情方面的作用。

始于15世纪的地理大发现是人类历史上最了不起的旅行活动。以前的世界基本上处于封闭的状态，新旧大陆之间更是相互隔绝，人们对自己居住地之外的认识是少之又少。地理大发现之后，这种状态被打破。地理大发现不仅增加了人们对世界的认识，扩大了视野，也改变了人们的地理观、世界观、宇宙观。此后地球不再被认为是宇宙的中心，环球航行证实了地球是球形的猜想。

16世纪中叶，旅游活动在西欧开始出现了新的发展，即以教育和社会认知为主要目的，通过求知旅行，增加对异地风土民情、生活方式以及整体组织等方面的了解，从而开阔见识。这种教育旅行的真正高潮是在封建社会结束后的18世纪，这便是欧洲旅游发展史上有名的“大游学”时代。法国是世界旅游大国，巴黎是世界旅游收入最高的城市。法国政府非常重视景观资源的教育功能和社会效应，通过普遍降低门票价格，以便让所有人都拥有受教育和受熏陶的机会。法国大多数人文景观对记者、教师、档案员、未成年人、残疾人和失业者等社会特殊群体都是免费开放的。

明代地理学家徐霞客根据其30多年的旅行考察经历著成了《徐霞客游记》。这本书不仅是优秀的旅游文学作品，更是研究区域地理的科学著作，特别是它对石灰岩地质地貌进行了系统研究，在该领域为世界做出了巨大贡献。

旅游是人们到异地“求知、求新、求奇、求异、求乐”的综合性审美活动。当旅游者确定了旅游目的地，准备前行时，往往会查阅相关资料，借此了解目的地的信息，这就是一个自觉的学习过程。到达目的地后，旅游者能更好地领略异国他乡的自然风光美，理解文化古迹的历史和内涵，欣赏传统艺术所蕴含的美学价值，体会不同的生活情趣，尽情享受旅游的乐趣。此过程会使旅游者对于目的地的认识更加丰富和全面。

旅游过程中还可以进行切合实际的道德教育。旅游活动是一种公共行为，旅游过程中出入公共场所，乘坐车船，都有利于培养人们遵守社会公德，遵守人际交往准则。在这个过程中，人们可以游览祖国的大好河山，欣赏大自然，体会历史文化的灿烂和现代化建设的成就，从而激发爱国情感和民族自豪感。

三、旅游的要素与类型

（一）旅游的要素

吃、住、行、游、购、娱六要素，是旅游活动最低层次的需要。离开这些要素就无从谈旅游，它们是旅游活动发展的产物。在我国，有关旅游活动的要素目前较为流行的有“三体说”和“新六要素说”。

1. 旅游活动的构成要素——“三体说”

旅游活动是一种涉及面极其广泛的综合性社会经济文化活动。旅游活动是由旅游主体、旅游客体、旅游媒体三大要素构成的。

旅游活动的主体是旅游者。旅游者又称游客，是指离开自己的居住地到旅游目的地做访问的人。旅游的发展历史表明，旅游是先有旅游者的活动，然后才有了为旅游者服务的相关从业人员。旅游者是旅游活动的主导性因素，其数量、消费水平、旅游方式是决定旅游业内部各种比例关系及其相互协调性的主要因素。因此，旅游者是旅游活动中最活跃的因素，居于主体地位。

旅游活动的客体是旅游资源。资源是指客观存在于自然环境和人文环境中、能对旅游者产生一定吸引力的事物和现象。在旅游活动的各个构成要素中，旅游资源处于客体或对象的地位。当一个人有了足够用于旅游花费的金钱和时间后，以其娱乐和求知等旅游目的出发，他首先考虑的必然是去哪个国家或地区才能满足自己的旅游需求。这时，吸引旅游者的决定因素，就是满足其偏好的旅游资源了。固然，当一个人准备去某国或某地区旅游时，同时也会考虑那里的生活条件和服务设施，但这只是第二位、第三位的需要。那些具有不同民族特色和地域特色的旅游资源，没有别的办法可以代替，其观感也不是靠别人的介绍或纸上的字画就能真切感受到的，旅游者必须亲临其境才能获得真正的精神满足。因此，旅游资源是旅游活动的客观基础，是一个国家、一个地区招揽客源、开拓市场、发展旅游的重要物质基础和条件。

旅游活动的媒体是旅游业。旅游业是以旅游者为对象，为旅游活动创造便利条件并提供其所需商品和服务的综合性产业。旅游业的范围极为广泛，涉及许多经济部门和非经济部门，其中最直接就是旅行社、旅游饭店和旅游交通等。旅游业是联系旅游主体和旅游客体的纽带，旅游者对旅游服务的需求，主要通过旅游业来提供。在现代大众旅游阶段，几乎没有哪个旅游者不在利用旅游业提供的服务。虽然接受旅游业提供的服务并非是旅游者的目的，但旅游业在客源地与目的地之间，以及在旅游动机与旅游目的的实现之间架起了一座便利的桥梁。在已经具备需求条件的前提下，旅游者不必再为旅游过程中可能遇到的各种困难而担心，他们的旅行及在旅游目的地期间的生活和活动都可以由有关企业为他们安排。受旅游业带来的种种便利作用的刺激，旅游活动的规模越来越大，并且使人们外出旅游的距离也越来越远。

旅游业在推动旅游发展方面的另一作用就是它的组织作用。在供给方面，旅游业需要根据市场的需要组织自己的一系列配套产品。在需求方面，旅游业更是通过各种方式为自己的产品组织客源。从旅游产生之日起，它的组织作用就表现得非常突出，而且正是由于这种组织作用才使旅游业从无到有并推动了旅游活动的规模发展。总之，旅游活动的三大要素是相互联系、互为制约的，它们共同构成了旅游活动的统一体。其中一个要素的变动必然会引起其他要素的相应变动。例如，旅游者的旅游兴趣和决策直接影响到旅游地的选择；旅游的客流量和流向，以及旅游者的时空变化，会影响旅游地的开发规模、服务设施的规模和档次的需求，还会影响饭店、旅行社、交通运输等旅游媒体的工作；如果旅行社旅游宣传很有特色，旅游地本身也具有吸引力，就会反过来影响旅客流向和流量的变化，旅游地开发规划、环境保护，旅游媒体的交通运输、服务等就会相应地受到影响。

2. 现阶段旅游活动的“新六要素”

美国学者马斯洛提出了“需求层次理论”，认为人们普遍具有5种基本需求，而且是有层次的。他认为，人们一般是按照这样的层次来追求需要的：当低一层次的需求得到满足后，高一层次的需求就变为迫切的主导需要。比照人们旅游活动的需求变化，人的旅游需要是随着人们的满足程度在不断变化的，旅游活动的六要素（吃、住、行、游、购、娱），是人们在旅游活动中的最初要求，当旅游者已经体验了旅游活动最基本的过程后，必然会提出更高的享受需求。人们已不满足以游览、观光为主的旅游活动了，他们会在享受环境、提高审美、体验生活、扩大社交、休闲健身等方面提出新要求。

“新六要素”指资源、环境、文化、科技、余暇、金钱，是旅游发展到一定时期的产物。人们在研究旅游要素的过程中认为，“新六要素”在围绕旅游产业基本构成的基础上，又有超越旅游产业构成的成分，在与旅游活动相关的大环境上分析，除了一些物质的要素之外，也考虑了重要的非物质要素，如文化要素等，是更大范围上的旅游活动要素。

（1）资源——旅游活动之源泉

中华人民共和国国家标准GB/T18972—2003《旅游资源分类、调查与评价》将旅游资源定义为“自然界和人类社会凡能对旅游者产生吸引力，可以为旅游业开发利用，并可产生经济效益、社会效益和环境效益的各种事物和因素。”旅游资源是旅游业产生、生存、发展的关键，它与旅游产业是“皮与毛”的关系，旅游资源孕育和维持着旅游业的全部生命，是人类旅游活动、旅游经济的主要源泉。可以说，没有旅游资源就没有人类的旅游活动。

（2）环境——旅游活动之基础

人类的一切活动都是在一定的环境中进行的。旅游环境是以旅游者为中心的，涉及旅游目的地、旅游依托地的，并由自然生态环境和人文生态环境构成的复合环境系统。环境与资源既有同一性又有差异性。环境是相对人类这个主体的客观对象，资源是环境中被人类利用的部分。环境是旅游业生存和发展的物质基础。环境对改善旅游产品质量、提高游客在旅游服务中的地位至关重要。同时，合理有效的旅游发展对环境保护有良好的促进作用。

（3）文化——旅游活动之灵魂

一般认为，文化的基本构成有3个层面，即物质文化、制度文化和精神文化：所谓物质文化即文化的物质状态，如建筑、器物等；所谓制度文化即文化的制度状态，如管理规则、行为习惯等；所谓精神文化即文化的精神状态，如观念、意识等。旅游目的地、旅游载体、旅游对象、旅游活动、旅游规划、旅游营销管理、旅游服务等，无不蕴含着这3种文化形态。

文化是旅游成为人类生活方式的根基。旅游需求和旅游活动正是人的精神和文化的高层次需求及其满足，也正是人之自在为人的重要标志。人在受到生理需求压迫的状态下，旅游无从谈起；人在劳心费计受到功利事务压迫的状态下，也无暇顾及旅游。只有在低层次需求已满足的情况下才能产生高层次需求，需要自由自在地体验与欣赏生活的时候，尤其是在休闲的状态下，人才能进入真正的旅游。这就使旅游本质地与人性高层次需求联系起来，内在地与人的文化本性联系起来，必然地与人的审美活动联系起来，而且最终的走向必定是随着人性需求的提升而由猎奇观光趋向休闲娱乐。可以说，旅游就是人的文化活动，旅游消费是文化消费，旅游服务是文化服务，旅游产业是文化产业。

（4）科技旅游活动之动力

当人们迈入知识经济的时代，科学技术早已融入旅游业的方方面面。历史的发展证明社会生产的每一次飞跃式进步，都是依赖于科学研究的新发现，以及新技术的应用。新科技革命让人们的一切都在经历重大变革，旅游业作为新兴的产业也不例外地受到冲击与影响，而且科学技术正在逐步主导旅游业的发展。国际旅游竞争力一般经历旅游资源竞争、旅游产销竞争、资本实力竞争和创新竞争4个阶段，每个阶段的推进对科技的依赖程度越来越高。在经济全球化和知识经济时代，如何利用科学技术增强旅游业的国际竞争力，加快旅游业的发展，是我国旅游业的重大战略问题。

（5）余暇——旅游活动之机遇

旅游需求产生的最基本决定变量包括旅游支付能力、充足的余暇时间和旅游动机。在3个变量同时得到满足时，旅游需求才能得以实现。1995年，我国实行“周五”工作制后，国内旅游蓬勃发展的现实表明，有充足且集中的余暇时间对旅游市场的变化十分重要。旅游产业作为国民经济新的增长点，就需要将旅游需求尽可能最大化地实现，在更大程度上、更大范围内带动经济增长。因此，更多的市场化旅游需求需要有更多、更长、更集中的余暇时间。我们可以进一步改革劳动用工制度，切实实行带薪休假制度，进一步探究缩短劳动时间、增加余暇时间的有效途径。

（6）金钱——旅游活动之保障

旅游活动也是一种经济活动，人们的旅游活动需要有一定的经济能力作为支撑，特别是现代旅游涉及面广、活动范围大、旅游周期变化快、旅游危机增多，所以具备较强的经济能力是实现旅游的重要保证。

（二）旅游的类型

根据不同的划分标准，旅游可分为以下几种不同的类型。

1. 按地域范围划分

在一个特定的国家里，旅游通常可以分为国际旅游与国内旅游两种类型。

（1）国际旅游

国际旅游可以划分为出境旅游和入境旅游。入境旅游，指其他国家和地区的常住居民到某个特定国家进行的旅游；出境旅游，指某个特定国家的常住居民到另外一个国家进行的旅游。

（2）国内旅游

国内旅游指某个特定国家的常住居民在本国内部进行的旅游，又可划分为地方性旅游、区域性旅游和全国性旅游。

2. 按旅游规模和人数划分

按参加一次旅游活动的规模和人数划分，旅游活动可分为团队旅游和散客旅游。

（1）团队旅游

团队旅游是由旅行社或旅游中介机构将购买同一旅游路线或旅游项目的15名以上（含15名）游客组成旅游团队进行集体活动的旅游形式，团队旅游一般以包价形式出现，具有方便、舒适、相对安全、价格便宜等特点，但游客的自由度小。

（2）散客旅游

散客旅游是由旅行社为游客提供一项或多项旅游服务，特点是预定期短，规模小，要求多，变化大，自由度高，但费用较高。

3. 按照组织方式可分为自助旅游与互助旅游

（1）自助旅游

自助旅游是人们不经过旅行社，完全由自己安排旅游行程，按个人意愿进行活动的旅游形式，如背包旅游。自助旅游的特点是自由、灵活，所有的花费都可依自己的喜好来支配，行程可弹性调整，又可深入了解当地民情风俗。

（2）互助旅游

互助旅游是网络催生的一种旅游模式，以自主、平等、互助为指导思想的一种交友旅游活动。随着互联网技术的发展，互助旅游将成为当今人们主选的旅游模式之一，也是科技时代带给人们的现代社交观念提升人们生活水平的一种方式。

4. 按旅游的目的与动机划分

按旅游的目的与动机划分，旅游可以划分为观光旅游、度假旅游、探险旅游、商务旅游、文化旅游等几种主要类型，现对其进行逐一阐述。

（1）观光旅游

观光旅游是以到异国他乡观赏自然风光及古今人文景观、体验民俗的形式，以求达到求新、求异、求知、求美的纯消遣型旅游，这是世界上最传统、最普遍的旅游形式。虽说现代旅游的多样性已将公差、商务、会议、教育等活动纳入旅游之列，但任何旅游活动都包含有观光的成分。在我国，观光是最基本的旅游形式。

观光最直接的作用是赏心悦目。但如果在发展旅游业时只拘泥于观光旅游的传统做法，而忽视内容丰富的多元化旅游项目，势必造成旅游市场的单一化从而失去活力。我国应该在充实、完善观光旅游的基础上，不断发展形式多样的旅游形式。

（2）度假旅游

度假旅游指在节假日或带薪假日，出于保持身心健康、排解无聊、调剂生活情趣等原因，到风景区或娱乐场所去消闲度假。此类旅游者停留的时间比观光旅游要相对长一些。在旅游大众化、普及化的过程中，度假旅游的悠闲、舒适、愉悦身心的鲜明特点，已吸引了越来越多的旅游者。

（3）探险旅游

探险旅游指富有挑战精神的旅游者为寻求刺激、满足其好奇心而外出旅游。这些人多青睐人迹罕至的地方或尚未开发的地方，多选择常人难以参与的旅游活动方式。他们喜欢用攀岩、漂流、横穿沙漠、悬崖跳伞或跳水等刺激性较强的活动方式来挑战自我并寻求成功的喜悦。这些旅游者往往是新旅游点的发现者。

（4）商务旅游

商务类旅游主要是出于职业的需要，以办展览、进行贸易和商务洽谈、出席会议或进行某些科学文化交流为主要目的的旅游项目。这类旅游的特点是在完成公务的同时进行参观游览。其表现形式主要有商务旅游、会议旅游、讲学旅游等，地点一般都选择在旅游胜地或文化历史名城。

商务旅游是指借到异地经商的余暇之机从事的个人旅游行为。客人在此期间的住店、宴请、社交、游览构成了整个活动的主要组成部分。由于经济全球化的影响，往来于各国、各地之间的商务活动十分频繁。有些人每年平均出游达7—8次之多，是国际旅客中重游率最高的人。相对于自费旅游者来说，他们通常停留时间长，消费水平高，对服务设施和服务质量比较讲究。尽管这些人外出的主要目的是工作，但所有人都会利用经商之余从事个人旅游消遣。

商务旅游是旅游史上最早的旅游形式之一，是人类进入文明社会后始终保持良好势头的旅游方式。在现代社会中，商务旅游者是大都市旅游市场的主要客源，占45%左右。

（5）文化旅游

文化旅游具有教育、科研和交流的功能。带有专题性质的学习、考察或文化交流等形式的旅游则更突出表现为文化专业目的。其实，任何旅游形式都具有文化性质。到一个地方去探索那里的文物古迹、民族文化传统，以及艺术、音乐、建筑、教育和科学技术等，有利于开阔眼界，增长知识，交流学术。文化旅游具有新异性、知识性，表现了异质文化的相互影响，反映了现代旅游发展的趋势。

文化旅游因为可以吸引众多游客而早已被国际旅游业界所重视。欧洲旅游委员会对1977年到美国旅行的人进行的调查结果表明，60%的旅客是受文化吸引而来的。到我国旅游的海外客人，多数也是为了参观文物古迹，深入了解具有东方特色的历史文化。

我国比较典型的文化旅游还包括红色旅游、乡村游、民俗游、文化专题游等特殊形式。除此之外，按旅行方式划分，旅游可以划分为航空旅游、铁路旅游、汽车旅游、游船旅游、徒步旅游等。按计价方式划分，旅游可以划分为包价旅游、非包价旅游等。按年龄特征划分，旅游可以划分为儿童旅游、青年旅游、中年旅游、老年旅游等。

第二节　旅游产业

一、旅游产业的概念与内涵

旅游业就是以旅游者为对象，为其旅游活动创造便利条件并提供其所需商品和服务的综合性产业。旅游业作为一项产业不像其他产业那样界限分明，但它作为一种客观实际而存在，其产品和产出的构成涉及多种有关产业，这正说明了旅游业的特点。尽管这些产业或行业的主要业务或产品有所不同，但是涉及旅游方面，都有一个共同之处——便利旅游活动，通过提供各自的产品和服务满足同一旅游者的需要，将其不同产品在总体旅游产品或旅游商品的前提下统一起来。

旅游业涉及的范围广泛，它不像农业或工业那样是界限分明的独立行业。旅游业的发展要依赖于诸多条件：旅游资源的开发和利用是其发展的必要条件；旅行社、旅游交通和旅游饭店是旅游业的重要构成；计划、财政、工业、农业、商业、电信、文教、卫生环境、公安等部门的配合，均为旅游业的发展提供了客观环境。

旅游业是综合性产业，旅游相关产业均围绕旅游者提供各项服务，对于旅游产业的这两个特征，大多数学者都存在共识。旅游业产生于旅游活动之后，它是人类社会经济发展到一定阶段而出现的一种行业，是为适应旅游活动发展的需要，从满足旅游需求出发而形成的一种为旅游者提供各种服务的特殊行业，它是沟通旅游者和旅游资源的桥梁和纽带。

因此，概括地说，旅游业是以旅游资源为凭借，以旅游设施为条件，为旅游者提供服务的综合性产业。同其他传统产业的定义相比，旅游业的定义有两点明显的不同之处：

这一定义是需求取向的定义，而非供给取向的定义；

旅游业作为一项产业，其界定标准是其服务对象，而不是业务或产品。

二、旅游产业的性质与特征

（一）旅游产业的性质

在总体的社会经济中，某一经济活动能否被界定为具有产业性质，主要应视该经济活动是否能够形成业务链条或业务体系。如果某项经济活动只由一两项业务构成，一般是不能称之为产业的。旅游业务一般而言要具备如下构成：旅游资源、旅游餐饮、旅游住宿、旅游娱乐、旅游文化活动、旅游商贸活动以及由旅游自身派生出来的旅游交通、旅游信息等。旅游的上述各种业务哪一项单独抽取出来都不能形成产业，但将这些业务集合起来，构成业务链或业务体系，就形成了旅游产业。有必要指出的是，旅游产业的各种业务之间有着一种内在的联系，即在旅游产业的业务链或业务体系中，任何一种业务的缺失都会影响旅游产业的正常存在和发展。

既然旅游是一种产业，那么它的存在和发展就必须遵循产业存在和发展的规律；政府和相关部门就必须制定相应的产业政策。为了促进旅游产业的正常和稳定发展，笔者认为，还需对旅游产业的性质加以探讨，本书将从以下三个视角进行阐述。

1. 旅游业的本质属性是经济性

首先，旅游业是社会经济发展到一定阶段的产物，是建立在一定的经济发展水平之上的，没有一定的经济发展水平做保证，就不可能产生旅游需求和旅游供给。

其次，旅游业由各种大小不同、地点不同、性质不同、组织类型不同、服务范围不同、提供服务方式也不同的企业组成。这些企业直接或间接地为旅游者的旅游活动提供产品和服务，在满足旅游者物质文化需要的同时，力图通过经济核算，以获得最佳经济效益。许多国家都已经把旅游业列为国民经济的一项重要产业，并纳入经济社会发展规划。

再次，旅游业是综合性经营的行业，它可以促使和带动与旅游有关的其他经济行业的发展，进而带动地区经济的发展，还可以增加外汇收入，促使货币的回笼。

2. 旅游业属于第三产业

我国国家统计局结合国际行业分类标准把服务业划归为第三产业。旅游业是为旅游者完成旅游活动而提供服务的行业，因此它属于第三产业。第三产业是一个行业众多、范围广泛的为生产和生活服务的部门，它的兴起和发展是社会分工和劳动生产率提高的必然趋势。旅游业在第三产业中所占的比重不断提高，旅游业已成为全球最大的经济行业，它在社会经济活动中扮演着越来越突出的角色。

3. 旅游业的文化性质

从消费角度看，旅游消费主要是一种文化性消费，即旅游消费在构成上虽然离不开物质资料，但主要是文化性、精神性资料。旅游者通过支付一定的金钱和时间从事旅游活动，其动机都是为了获得一种文化享受，满足其较高层次的心理需求。旅游者在食、住、行、游、购、娱等方面所付出的消费本质上是文化消费，如旅游者欣赏名山大川、了解文物古迹、体验民俗风情、品尝美味佳肴、感受旅游乐趣，都是文化消费行为。旅游业就是以生产和制造能满足这种旅游消费需要的产品为己任，并通过与旅游消费者的交换而获得经济效益的。旅游经营者向旅游者提供具有一定文化内容的、有特色的产品和优质服务，以满足旅游者的需求，帮助旅游者实现其完美的旅游愿望，同时表现了旅游目的地国家或地区的文化发展水平。因此，旅游业既是经济产业又是文化事业，而且对社会文化的发展起着一定的推动与促进作用。旅游业在出售“服务”产品的同时，要突出文化性，在旅游整个过程中要深入发掘文化内涵，以满足旅游者的物质文化和精神文化需求。

（二）旅游产业的特征

旅游产业作为一种新兴产业，具有许多不同于其他产业的特点。

1. 旅游产业的综合性

旅游业的产品和服务是众多部门共同作用的产物，是以多种服务表现出来的集合体。旅游业既涉及国民经济中的一些物质资料生产部门，如轻工业、建筑业等，又涉及一些非物质资料生产部门，如文化、教育、科技、卫生、金融、海关、邮电、园林、宗教等，同时还包括一系列旅游企业，如旅行社、旅游饭店、旅游交通、旅游纪念品销售单位等。旅游业的各个组成部门在不同的地点、以不同的方式向旅游者提供不同性质的服务。它们相互区别，相互独立，相互依存，相互补充，共同满足旅游者的复杂需求，共同保证旅游活动的进行。所以，旅游业是一个横向联系广、综合性强的行业，具有新兴产业多层次、多方位、网络状、复杂性的特点。

2. 旅游产业的关联性

旅游业本身具有较强的关联性，对相邻产业具有依托性和带动作用。旅游业是依托性很强的产业。旅游业发展要以旅游资源作为依托，才能吸引旅游者。旅游业的发展又以国民经济总体的发达程度为依托，对接待地而言，其国民经济的发达程度决定了该地发展旅游业的程度，在一定程度上影响着旅游服务质量。依托性要求有关企业、部门和行业之间都必须统筹兼顾、协调发展，否则将会严重影响旅游业的经济效益、社会效益和环境效益的实现。旅游业又具有带动作用。旅游业在自身综合发展的同时，会促进航空、水运、公路、建筑、园林、林业、文化娱乐等各项事业的发展，还会推动生产、生活综合环境的整体提高。旅游业能促进地区经济的开放、优化投资环境，这更是各地从实践中总结出来的经验。

3. 旅游产业的脆弱性

旅游业比其他经济部门更具脆弱性，也就是说，旅游业对其内外环境因素变化的影响都极为敏感。

从旅游业的内部环境看，它由多个部门构成，这些部门之间存在着一定的比例关系，它们必须协调发展，其中任何一个部门脱节都会造成整个旅游供给的失调，进而影响旅游业的经济效益和社会效益。

从旅游业的外部环境看，各种自然的、政治的、经济的和社会的因素都可能对旅游业产生影响，其中有些因素的影响是举足轻重的。例如：自然因素中的地震、恶劣天气、疾病流行（比如“非典”疫情影响旅游业的发展），政治因素中的国家关系恶化、政治动乱、政策变化及恐怖活动、战争等，经济因素中的世界经济危机、某些主要客源国经济衰退，还有社会时尚的变化等，都会导致旅游业的停滞。旅游业的脆弱性告诫人们：若一个国家或地区的经济过分依赖旅游业，一旦影响旅游业的某些因素发生巨大波动，后果将不堪设想。

4. 旅游产业的季节性

季节性是指旅游业的经营在一年的时间里接待旅游人数有周期性的变化，出现明显的淡旺季。这种变化也反映在每月和每周当中。

旅游业淡旺季的出现，给旅游企业经营带来很大困难，常常是旺季过旺，人满为患，淡季过淡，设施和人员不能发挥作用。采取有效措施解决淡旺季出现的问题是旅游业发展中永恒的课题。

当然，旅游产业的性质还有其开放性、涉外性、劳动密集型、资金密集型等特征，本书在此不再一一赘述。

三、旅游产业的地位与作用

（一）旅游产业的地位

旅游业能够满足人们日益增长的物质和文化的需要。通过旅游使人们在体力上和精神上得到休息，改善健康情况，开阔眼界，增长知识，推动社会生产的发展。旅游业的发展以整个国民经济发展水平为基础并受其制约，同时又直接、间接地促进国民经济有关部门的发展，如推动商业、餐饮服务业、旅馆业、民航、铁路、公路、邮电、日用轻工业、工艺美术业、园林等的发展，并促使这些部门不断改进和完善设施，增加服务项目，提高服务质量。随着社会的发展，旅游产业日益显示出它在国民经济中的重要地位。

（二）旅游产业的作用

1. 动力效应

旅游产业的经济本质，是以"游客搬运"为前提，产生游客在异地（住宅生活区域外）进行终端消费的经济效果。这一搬运，把"市场"搬运到了目的地，搬运到了景区，搬运到了商业区，搬运到了休闲区，搬运到了度假区，搬运到了郊区，搬运到了乡村。

游客在目的地不仅要进行旅游观光等消费，还涉及交通、饮食、娱乐、游玩、运动、购物等等，甚至可能涉及医疗、保健、美容、养生、养老、会议、展览、祈福、培训、劳动等非旅游休闲的延伸性消费。通过游客的消费，目的地的消费经济及相关产业链发展就被带动起来了。

不仅如此，旅游行业专家林峰还认为，旅游产业的价值要远远超出一般消费产业的拉动价值。旅游产业在带动目的地消费、GDP、就业增长的同时，还带来了当地居民收入提高、文化品牌价值、环境生态价值、和谐社会建设等一系列良性社会经济效应。

旅游的"动力效应"来源于"搬运市场"的客观能力，是直接的消费动力。通过搬运，游客产生餐饮、住宿、游乐、购物、会议、养生、运动等综合性、多样化的终端消费，带来“出游型消费经济”，进而整个旅游目的地形成消费经济链及相关产业的聚集，最终带动当地经济社会的全面发展。

旅游能通过搬运将市场需求与市场供给做很好的匹配，因此在资源丰富而市场不足的一些偏远地区，旅游业的经济带动功能会得到更多的体现，在消除贫困、平衡经济发展方面做出积极贡献。

旅游属于劳动密集型行业，就业层次多、涉及面广、市场广阔，对整个社会就业具有很大的带动作用。旅游在解决少数民族地区居民、妇女、农民工、下岗职工、大学毕业生首次就业者等特定人群就业方面，发挥了特别重要作用。

旅游产业综合性强、关联度大、产业链长，广泛涉及并交叉渗透到许多相关行业和产业中，如工业、农业、教育、医疗、科技、生态、环境、建筑、海洋等领域，形成了一个泛旅游产业群。旅游在这一产业群中，带动其他产业发展，并延伸出了一些新的业态，是产业发展的动力。

2. 价值提升效应

一方面，旅游将消费者带到了原产地，使得产品的销售直接面向市场，节省了中间流通环节上的费用，能够按照市场终端价卖出，从而获得比批发价更高的回报，我们称这一部分价值为终端消费带来的价值提升。另一方面，游客在进行旅游消费的同时，还能够享受到不同于一般购物过程的新型体验和服务，使得产品的最终价格高于一般市场上的价格，我们将高出的这部分价值称作体验性消费带来的附加价值提升。

3. 品牌效应

旅游的品牌效应，基本上反映为对城市品牌的宣传与提升作用。城市品牌是一个城市在推广自身形象过程中传递给社会大众的一个核心概念，期望得到社会的认同，即所谓的品牌知名度和美誉度。其中，文化是一个城市或区域发展的根基，是区别于其他城市的差异所在，是城市品牌形象的灵魂。旅游作为一种体验性活动，能够将一个城市的文化遗存、非物质文化遗产、民俗风情转变为吸引物，使游客体验到并迅速传播出去，形成目的地品牌形象。

所以，从某种程度上说，旅游形象和城市形象有着共同的目标群体和发展目的。旅游业可以最大化地释放一个城市或区域的吸引力，并使游客产生感应或共鸣。另外，旅游的外向性和美好性，也能提升城市品牌的知名度和美誉度，从而带动整个城市或区域的品牌价值提升，并最终使得城市里的人、商品、资产等的价值得到提升。

四、旅游产业的构成与类型

（一）旅游产业的行业构成

旅游业的发展依赖于许多条件，自然、人文旅游资源的开发和利用是其发展的必要条件；交通、食宿、旅行社、市场供应和旅游基础设施是旅游业的主要支柱；计划、财政、工农业、商业、电信、文教卫生等部门的配合，能为旅游业的发展提供客观环境。这使得一些学者认为旅游业不只是旅行社、饭店和交通的总称。虽然这些都是旅游业的主要组成部分，但不是它的全部。有人曾称旅游业是一个由一系列经济部门和非经济部门共同组成的巨大的商业集团，这也有其一定的道理，因为它们都具有为旅游者提供服务的共同职能。所以，从旅游过程来分析，宏观意义上的旅游业可由三类行业构成。

1. 有关旅游“准备”的行业

人们外出旅游之前，往往要做以下几种准备工作：

（1）根据自己的经济状况和闲暇时间，选择旅游目的地，安排旅游线路，订出旅游计划。

（2）收集有关旅游地的资料和信息，了解和熟悉旅游地的社会习俗和风土人情。

（3）准备各种旅行用品，购买各种礼品。于是，提供旅游信息的新闻、广播、出版、通信等旅游宣传的行业，办理预订业务的旅行社，出售旅游用品的商店，都可以说是与旅游有关的行业。

2. 有关旅游“移动”的行业

流动是旅游的根本特征，旅游者离开常住地前往旅游目的地，以及返回家中的过程，就是所谓的旅程。在现代旅游中，交通已不只是一种移动工具，而且已成为旅游乐趣的一部分。所以，铁路、民航、汽车、轮船等主要交通工具，是旅游业的重要组成部分，而在旅游的过程中，乘坐缆车、气垫船，摆渡、骑马、滑雪橇等活动，也已成为增添旅游者娱乐情趣的活动项目。

3. 有关旅游“逗留”的行业

旅游分为动态和静态两大形态：动态即指旅行交通；静态则指人在旅游地的逗留和与逗留有关的行业，如旅馆业、餐饮业，以及博物馆、公园、娱乐设施等，这些都与旅游业有密切的关系。

此外，根据联合国的《国际标准产业分类》以及对从事旅游业务经营部门加以分析，旅游业主要由以旅馆为代表的住宿业部门、旅行社部门和交通客运部门三部分构成。在我国，通常将住宿业、旅行社和交通运输业称为旅游业的“三大支柱产业”，而本书认为，旅游产业由“四大支柱产业”构成，分别为旅游住宿业、旅行社业、旅游交通业和旅游购物品经营业，接下来对之分别加以分析。

（1）旅游住宿业

住宿业是利用住宿场地和设施设备，以生活服务的方式向需要临时投宿的旅行者提供休息环境与安全保障的接待组织。由于旅游住宿业的特点和国际旅游业发展的新形势，旅游住宿业在旅游业的发展中有以下作用。

第一，旅游住宿业是为旅游者提供住宿、娱乐环境的服务基地。旅游者将饭店当作临时的家，占每日时间的一半以上（睡、吃、憩、娱乐），饭店应尽可能满足客人各方面的要求。现代人对旅游消费的要求日益提高，对饭店业的服务提出了更高的要求：如住宿的多样化要求（汽车饭店、青年饭店、家庭饭店、商务饭店等）；多功能要求（商务中心、会议中心、健身中心、疗养中心、康乐中心等）；多层次的要求（经济型饭店、标准饭店、豪华饭店等）。

第二，旅游住宿业是人们社交的重要场所。住宿业尤其是饭店、宾馆是一个地区或城市对外交往、举办社交活动的重要场所，是当地的社交中心。饭店的功能扩大，不仅仅满足纯粹旅游者的要求，还能满足商务客人和当地居民（住店客人和非住店客人）的要求。饭店为各方面的公众提供了商务、会议、娱乐、休憩、疗养、康乐的多样化公共空间，成为社会交往的重要场所。

第三，旅游住宿业的建设是接待能力的重要标志。饭店是洽谈业务、举行会议、开展文娱活动等社会经济活动的重要场所。一个国家地区要开展对外开放和交流，就必须把饭店建设放在重要的地位。因而，许多国家和地区，特别是注重对外交流和开放的国家和地区，在考虑旅游业乃至整个国民经济的发展规划时，都把饭店的建设放在重要地位。从这个意义上来说，饭店的水平包括数量（客房数、床位数）、设施设备、服务项目、服务质量等，是衡量一个国家和地区旅游发展水平的重要尺度。

第四，旅游住宿业是旅游收入的重要渠道。住宿业是地区旅游经济的主要收入来源，对旅游业的发展起到积极的推动作用。2008 年，我国住宿业方面的创收占国内旅游总收入的17.6%。据一般统计，国际上这个比例达到42%。因此，我国的住宿业还有很大的发展空间。

第五，旅游住宿业是就业机会的重要提供者。旅游住宿业和其他服务行业一样，提供的产品就是劳务服务，是典型的劳动密集型行业。饭店的明确分工，需要大量的服务人员就业，同时需要大量的间接服务岗位为其服务提供支撑，如厨房、维修、洗衣、保卫、易耗品等。

（2）旅行社业

旅行社是旅游业的集中代表，是经济性和服务性的充分体现，尤其以中介性为其他企业所不具有。它将原来分散的、个别进行的旅游活动进一步社会化，把旅游产生地同目的地联结起来，在不同国家和地区的旅游者和旅游经营者之间架起了一座桥梁，而且把各有关旅游企业联系在一起，创造了一种新的信息传递方式和资源组合方式。因此，旅行社不仅是旅游者与旅游对象的中介体，而且在不同旅游企业之间起着联络和协调作用。

旅行社在旅游业中的作用突出表现在以下几点。

第一，旅行社是旅游业的重要构成部分，是旅游业产生的标志。在旅游业中，旅行社发挥着龙头作用、神经中枢作用。

第二，旅行社在旅游业中起着桥梁和纽带作用。旅行社的销售是旅游产品的全面销售，旅行社提供的服务是综合服务。因此，在业务关系上，旅行社被比喻为“串糖葫芦”；在财务关系上，旅行社被比喻为“过路财神”。

第三，旅行社这类企业存在和发展的根本原因在于，它创造了一种新的信息传递方式和资源组合方式。这两种方式的结合形成了这一领域的有效率的组织。

第四，旅行社的服务深化扩展了旅游业的政治作用和文化作用。旅行社通过训练有素的外勤人员，努力提高服务质量，使旅游者时时处处都感到当地人民待客的诚挚，有助于增进彼此之间的了解和感情。导游、翻译人员在日本被称为“无名大使”，在美国被称为“一个国家的脸面”，在埃及被称为“祖国的一面镜子”，这说明导游、翻译人员经常发挥着民间外交家的作用。

（3）旅游交通业

按照传统的产业划分标准，交通运输业是先于旅游业而独立存在的。交通运输泛指人与物体的输送，而旅游交通仅是交通客运中的一部分，在现实中，交通客运不仅承担着运输旅游者的任务，而且还运输其他旅客，两者很难截然分开。所以，在现代旅游学的研究中，旅游交通是指旅游者在旅游活动地点之间的运输；在现实中，泛指交通客运业。

旅游交通解决了人们外出旅游的时空矛盾，它在旅游业的发展中起着重要的作用，主要表现在以下几点。

第一，从需求方面看，旅游交通是旅游者完成旅游的先决条件。旅游者外出旅游时，首先要解决从居住地到目的地的空间转移问题，通过采用适当的方式抵达旅游地点。同时，采用不同旅行方式所耗费的时间也是需要考虑和解决的问题。旅游者可用于闲暇的时间总是有限的，如果克服空间距离所占用的时间超过一定的限度，旅游者则会改变对旅游目的地的选择，甚至会取消旅游计划。所以，从需求方面看，旅游交通是旅游者完成旅游活动的先决条件。

第二，从供给方面来看，旅游交通则是发展旅游业的命脉。旅游业是依赖旅游者来访而生存和发展的产业。只要旅游者能够光临，旅游业的各类设施和服务才能真正发挥作用，才能实现它们的使用价值和价值；只有在旅游目的地能使旅游者大量地、经常地前来访问的情况下，该地的旅游业才会有扩大的可能。所以，可进入性的程度是旅游业发展的重要条件。

第三，交通运输业作为旅游业的重要组成部分之一，本身也是旅游收入和创收的重要来源。在任何国家的国内旅游收入中，旅游交通运输收入都占有相当的比重。例如 2000 年美国国内旅游收入共 7925 亿美元，其中旅游交通收入约占 62%。目前我国对国内旅游收入虽无确切的统计，但根据目前国内的旅游消费水平可以看出，旅游交通运输收入在全部国内旅游收入中所占的比例可能会更高。

第四，旅行交通在旅游经历中是不可忽视的重要内容（形式）。旅游讲究“旅速游缓”，但也不得不考虑占相当比例时间的“旅途”的质量。旅游交通比普通交通更讲究舒适度，旅游地的（载人）运输工具比普通交通工具更丰富（如高空索道、缆车、索桥、滑道、骑马、坐轿、森林火车等）。总之，交通也是旅游经历中的重要组成部分，应精心安排。

由于统计一个国家或地区的国际旅游收入时，一般不包括旅游者从定居地到目的地的往返交通费，所以从旅游者一次旅游的全部消费构成来看，交通费用在其中所占的比重也就更大了。据有关部门调查，欧美游客来中国旅游，其交通费用的支出要占其来华旅游全部费用的一半以上。

（4）旅游购物品经营业

旅游购物品经营业是向旅游者提供旅游日常生活用品和旅游纪念品的行业。旅游购物品经营业提供的购物品除了一部分供旅游者消耗的日用品、消费品外，大都具有纪念的性质，旅游者通过购物行为，使之成为旅游行为中一项有目的的活动，它是旅游活动的延伸和旅游印象的物化。缺少了购物品经营业这一环，旅游业的发展就不健全。因此，销售旅游购物品的企业是旅游业的重要组成之一。

销售旅游购物品的企业是旅游业的重要组成部分。由于旅游购物品的纪念性和礼品性，其销售收入具有很大弹性，在旅游业的发展中具有以下作用。

第一，发展旅游购物品经营业是提高旅游业整体经济效益的重要途径。旅游购物品经营业在旅游需求中弹性较大，因此经营旅游购物品的收入具有相对的无限性。旅游购物品本身也有许多优势，如生产成本较低、原材料丰富、就地取材、对生产条件的要求不高，可就地直接换取外汇、创收的利润水平也较高。旅游购物商店的收入在当地旅游业总收入中占有较大比重，可挖掘潜力大，世界各国发展旅游业时都把旅游购物业作为创汇的重要渠道。如中国香港旅游购物业收入一般占旅游收入的 60% 左右，日本、美国、西欧、东南亚地区一般都占 40% 以上。

第二，旅游购物品经营业对当地旅游业具有无声的宣传效果。旅游购物品不仅是一个国家或地区的文化艺术、传统习惯的生动反映，还可满足旅游者纪念、欣赏、炫耀、提高地位、自我满足等心理和精神上的需要。发展有特色、有品质的旅游购物业，有助于树立当地旅游业的美好形象，提高知名度，在旅游业的宣传促销过程中起着潜移默化的作用。

第三，旅游购物品也是一种旅游资源。发展旅游购物业，可增强当地旅游吸引力。旅游活动的内容丰富多彩，购物旅游已成为人们进行旅游活动的专项内容。旅游购物品是一项独特的旅游资源，经过开发经营，对旅游者的吸引力较大。中国香港旅游业迅速发展的原因之一，就是它集中了世界许多国家和地区的旅游购物品及各种廉价商品，被称为旅游者的“购物天堂”。

第四，发展旅游购物业有助于挖掘传统手工艺，保存和弘扬地方文化精髓。旅游购物业和生产部门组织生产、销售具有地方特色的手工业产品，如有独特艺术风格和浓郁地方色彩的手工艺品、有传统风味的土特产品等，这些购物品的设计开发，可挖掘和传承传统的手工技艺，弘扬先进的地方或民族文化。

（二）旅游产业的类型

旅游产业虽然关联性大、带动性强，但大致可根据旅游动机和行业构成加以归类。根据旅游动机可以分为以下几类：观光型旅游产业、度假型旅游产业、文化型旅游产业、社会关系型旅游产业、宗教型旅游产业、经济型旅游产业、会议型旅游产业、特种旅游产业等几个方面；根据旅游产业的行业构成可以分为以下几类：旅行社业、旅游交通业、旅游饭店业以及旅游商品业。

第三章

旅游与文化的关系

第一节　旅游是文化的载体

20世纪80年代后期，我国旅游业飞速发展，引发了学术界对于旅游与文化的关系研究，不少学者首先对旅游文化的概念作了界定，但是由于看问题的角度不一，尺度不一，形成了百家争鸣、见仁见智的局面。

旅游，是旅游主体作用于旅游客体的行为过程。通过中介体完成旅游主体对旅游客体的作用过程，是现代旅游的一个显著特征。现代旅游是三体并存的形态，旅游文化就在旅游主体的移动中，在旅游主体、旅游客体、旅游中介体的相互作用中体现出来。

在旅游主体运动之前，虽然各种文化现象早已存在，但是均与旅游无关。有了旅游主体的移动与感受，各种相关的文化现象便相继发生。不同的文化现象才构成一种内在的有机联系，从而形成旅游文化体系。旅游主体超越了空间的局限，将旅游目的地与旅游客源地的人们、社会文化环境联系在一起。所以有人把旅游称为“文化大串联”，认为“旅游者既是旅游文化的主体，又是旅游文化的载体”。旅游客体是旅游主体的游览对象，在旅游活动的过程中促进主体审美的发生，使客体与主体发生撞击与融合。旅游产业结构中的游览场所、住宿设施、交通工具是旅游活动中不可或缺的物质因素，辅助旅游主体完成对旅游客体的审美。三者在旅游活动中形成紧密的链条，使旅游文化体系成为各环节的连续活动过程，并由此形成社会文化聚合。因此，把握旅游的三元结构是我们界定旅游文化的重要依据。

另外，旅游不仅仅是旅游主体的行为过程，还创造了文化与文化、社会与社会之间的联系和交流。旅游旨在传递文化，旅游主体在对自然、对自身以及对旅游中介体发生作用的同时，主体的意识观念、行为方式逐渐渗透到目的地的社会文化系统中，对它的文化形成冲击，影响到当地的生态和心理平衡。但是，目的地文化系统扮演的并不是被动接受的角色，而是以其独特的文化资源、自然资源强烈地吸引着旅游主体，展示其文化魅力。

众所周知，旅游是文化的载体。旅游发展的过程是旅游与文化融合的过程，也是旅游对文化深入影响的过程，更是旅游对文化挖掘、优化、保护以及传承的动态过程。

一、旅游发展与文化发掘

旅游受制于文化，这是旅游与文化关系的一个侧面。旅游与文化的另一个侧面是，旅游毕竟是一种独立的社会文化现象和经济现象，它受制于文化又游离于文化之外，给文化以巨大的影响和作用。

旅游活动本身也是一种文化交流活动，旅游者既是文化的观摩者，又是文化的参与者，旅游过程中最吸引人、最终给人留下印象的是文化，可以说，文化是旅游的灵魂。文化元素作为文化的基本组成单位，是吸引游客的重要因素。在众多旅游景区案例中，文化元素的挖掘经历了一个从隐性到显性、从自发到自觉、从分散到集中、从零星到系统的过程，既体现出文化的传承性、稳定性和民族性，又顺应文化发展展现出多样性。

由于文化的多元性，导致文化元素分类较为复杂，为了便于旅游对文化元素挖掘的认知，可以按较为系统的表现形式分为观光文化、商务文化、会展文化、休闲文化、修学文化、体育文化、宗教文化和生态文化。

旅游的核心是文化。旅游中最能吸引游客的是文化元素，旅游开发能否成功，文化元素的挖掘是至关重要的。任何一个旅游项目的开发都有一定的动因，有时候文化吸引物本身就是开发动因，有时候为了提升开发效益而主动地挖掘文化元素，以丰富项目内涵。但是无论是哪一种情况，为了保证开发效果，对于文化元素的挖掘都应该有一个系统的思考，同时也应该遵守区域性、原真性、保护性和效益性等原则。

随着现代社会的飞速发展，文化旅游正成为一种备受青睐、生机盎然的旅游形式。文化因素对现代旅游活动的影响将会更加深远。

首先，旅游者的行为是一种文化消费行为，其外出旅游的动机在于获得精神上的享受和心理上的满足；而旅游经营者要实现盈利，就必须提供一种能满足旅游者文化享受的产品。无论是自然旅游资源，还是人文旅游资源，要想吸引和激发起旅游者的旅游动机，就必须具有魅力无穷、独具特色的民族、地方文化内涵，满足人们对科学、史学、文学、艺术和社会学等方面的不同需求。为此，旅游的文化本质特征必然要求在发展旅游业的过程中优先发展旅游文化。

其次，旅游文化是一个国家旅游业保持自身特色的决定因素。人们常说："民族的东西是独特的，文化的流传是久远的。"一个国家的旅游业若缺少了自己本民族传统文化的底蕴，便失去了特色，不能反映出本民族独有的精神内涵，也便失去了强大的吸引力。实践表明，"举凡旅游业昌盛之国，莫不以旅游文化取胜"。

再次，文化是提高人的素质、提高管理水平的关键。旅游文化大量地体现在旅游业的管理者及其从业人员身上，其文化素质的优劣、经营管理水平的高低，直接影响旅游者能否获得良好的审美享受和精神满足，直接关系到旅游资源能否得到合理的开发和利用，进而影响到旅游业的发展。而未来旅游业的竞争主要是旅游文化方面的竞争，人们对旅游资源、旅游服务的需求更趋向于文化性强、科技水平高、富于参与性的项目。因此，旅游业管理者和从业人员的文化素质和经营管理水平必须相应提高，才能与国际接轨，适应时代的要求，使中国的旅游业立于不败之地。

最后，文化是旅游业创名牌、提高竞争力的法宝。在旅游活动中，旅游者物质方面的需求是较低级的需求，易于满足，而精神文化方面的需求，是一种高级而复杂的需求，很难得到满足，但又影响全局。如果不能满足旅游者精神文化的需要，旅游业便失去了存在的价值。同时由于文化具有地域性、民族性、传承性等特点，往往为一个国家和地区所独有，很难模仿和复制。因此，在竞争中就减少了可比性，具有垄断地位，易形成强有力的竞争能力，也易于创出自己的特色和名牌效应。名牌是旅游业竞争中的一种无形力量，更是促使旅游业走上可持续发展道路的一种宝贵的文化资源。

可见，旅游行为创造文化。旅游资源中存在着文化的基因，通过人类的旅行游览等社会行为促使文化的产生和传播。在人类进入文明社会以后，旅行有了精神愉悦感，正是这种精神感受，激发了诗人的创作激情，游记文学也应运而生。在古人的宦游中，有一种被动的旅行行为，那就是贬谪或流放。一方面，主体对这种旅行方式很不情愿；另一方面，新的自然和人文环境，又给予其新的感受和创作的源泉，于是，吟诗作画、摩崖刻石、建亭立碑、开渠筑堤等行为活动，在他们人生的低谷中创造出大量旅游文化的精品。如桂林的摩崖石刻、杭州的苏堤和白堤以及新疆的林公渠、林公坊等，都是具有永恒文化价值的旅游资源。

旅游作为一种社会经济现象，具有强烈的文化属性。旅游对于旅游媒介而言是经济行为，而对于旅游者来说，主要是文化行为。旅游观赏对象蕴含着丰富的文化，旅游活动本身又能创造文化。旅游活动的本质是为了丰富游客的精神生活。旅游作为一项实践活动，主要对象是包罗万象的大自然。大凡气势恢宏的文学艺术作品，多源于作者对自然万物的灵感。当然，旅游审美活动的内容是丰富多样、无所不包的，除了秀美奇丽的自然景观之外，还有文物古迹、建筑园林、音乐舞蹈和社会风尚等，这些源于自然又高于自然的人文景观，是人和自然相结合的杰作，体现了人类的智慧和追求，对游人同样具有极大的吸引力。

二、旅游发展与文化优化

欣赏和了解异族文化是旅游者外出旅游的动机之一。越是有特色的文化，越能吸引旅游者。为了发展旅游业，旅游目的地国家和地区总是想方设法突出自己的民族文化特色，从而使文化得以优化，比如旅游使云南丽江古城的文化特色更为优化。

作为传统文化的有机组成部分，旅游文化一方面依赖于传统文化而生存，另一方面，又推动着传统文化在现代社会的继承和弘扬。在丰厚的经济利益面前，各地兴起用传统文化包装现代旅游的开发热潮，许多独特而富有内涵的传统文化遗产得到了发掘和保护。随着游客源源不断地涌入，对当地民族传统文化的需求显著提升，使得各地许多濒临失传的传统精神文化和物质文化在旅游大潮的触动下纷纷得到保护、发掘和利用，并融入旅游市场。传统文化伴随着旅游业的发展迎来了复兴的契机。

传统文化不仅丰富了现代旅游业的内容，同时在旅游发展中也得到广泛的弘扬与传播。尽管在一些地方，在开发旅游资源的过程中也产生了一些破坏旅游资源和生态环境的不和谐音符，在发展旅游过程中，本地的特色文化和民族风情遭到外地文化的侵袭和渗透，逐渐丧失其本真和特色。但不容置疑的是，绝大多数地方的传统文化得以弘扬和发掘，已经成为当地发展旅游业的重要依托。各地在发展旅游文化的过程中，一方面大力发掘和利用本地的传统文化，另一方面又在不断地推陈出新，创造出各种各样的新的文化形式，以满足旅游者日益增长的物质文化需求。这样传统文化借助于旅游文化的经济功能得以留存和弘扬，而旅游文化因为传统文化的重新重视而不断地发展壮大，正日益成为未来各地旅游业竞争的源泉和动力。

游客和当地居民之间的文化交流也有利于促进和平往来。人们因为旅游活动，离开自己惯常居住的熟悉环境，来到一个陌生的地方，接触到新鲜的人和事物，生活在一个与以往截然不同的新环境中，以新的文化和环境扩大视野、增长见识，增加对旅游所在地的了解和掌握，有助于相互之间避免误会、消除隔阂、增进了解、加深友谊，让外面世界的游客走进旅游地，也让旅游地走向外面的世界，从而达到相互之间的交流和理解、同情和友谊。正是因为人们坚信旅游可以推动世界各国之间的相互交流与和平发展，1986 年“旅游促进和平国际协会”成立，并且于 2000 年 11 月发表了著名的《安曼宣言》（Amman Declaration），提出了基本目标并确定了加盟国家。《安曼宣言》得到了来自 60 个国家的 450 多名代表的认可，其中包括 22 个大型国际旅游公司的首席执行官。《安曼宣言》是一份具有深远意义的文件，它努力把世界各国或各地区的社会文化、环境和经济目标统一在一个共同的组织之中，为了促进相互之间的交流与合作而努力，致力于世界的和平与发展。由此可见，不断传承与发展的旅游文化是增进世界相互了解与和平共处的重要工具。

文化是明天的经济。在旅游产业发展过程中，由于旅游文化的重要作用和地位，在现代旅游发展中愈发显示出其独特的魅力和强大的功能。旅游业的竞争归根到底是文化的竞争，旅游地文化内涵和品位的现实状况直接关系到旅游地的资源特色和竞争实力，也直接关系到旅游业发展的兴衰成败。

旅游作为人类特有的一种生活方式，主要是满足旅游者高层次的精神需求和文化享受，因此在旅游业的发展过程中只有提高旅游地和旅游资源的文化内涵和品位，才会对旅游者产生持久的吸引力，才能实现旅游业的持续、健康、快速发展。因此在旅游业发展过程中，旅游文化扮演着至关重要的角色，正日益成为旅游业发展的新的经济增长点。

三、旅游发展与文化传承

旅游文化的传承性是从时间的角度来讲文化一脉相传的特性的。任何现存的文化都是从旧文化中传承而来的，继承先前的文化成果，并在新的条件下进行新的文化创造，形成纵向的文化内涵的顺承，使文化积淀越来越丰富。

现存的旅游文化都是人类文化长期历史演变的结果。越是古老的资源，越具有丰富的历史积淀。从旅游文化的制度层面上说，历史上陆陆续续产生的旅游文化传统规范，到现在仍有一部分在继续使用。我国古代书籍中，从先秦的《禹贡》到明朝的《徐霞客游记》，以及被译介到国外的《法显传》《大唐西域记》等，都是旅游文化制度层面存在历史传承的证明。在旅游文化的精神层面上，有相当一部分优秀的旅游文化观念被保存下来，影响着一代又一代人，比如宗教旅游的朝圣观念，至今仍被信教群众敬重地延续着。

任何一种文化形态的产生都源于原有的社会生产实践和历史文化传统，它的发展要汲取母体中有生命力的部分，并运用到现实的创造实践中。这是一个循序渐进的过程，不能凭空创造或随意移植、模仿。近年来，全国各地涌现了大量的所谓“民族文化村”，其中的民族歌舞、节庆表演项目虽在一定程度上满足了部分游客的好奇心理，但这种脱离生活、脱离生产实践以及脱离其原生文化传统背景的事物，不能完全满足旅游者对异地文化真实体验的要求，终究不会有长久的吸引力。对于旅游文化学来说，由于它是一门新兴的边缘性学科，学科本身具备的理论学术积淀并不丰厚，前人研究的成果相较于其他学科来说，即使与之对比的是旅游学的相关学科，如旅游经济学，在数量上还是有一定的差距。因此，旅游文化学在其发展的初期阶段，必然要依赖于文化学和旅游学以及其他学术领域的相关学科强大的理论体系和研究方法，必须大胆借鉴、努力吸收这些学科的优秀成果，不断充实自我。

但是，有一点必须注意，即文化内涵、民族的价值观念和行为规范的传承，不是简单意义上的完全拷贝，不是直接拿来就用，传承更重要的意义在于变化和演进。一成不变的文化模式丝毫没有生命力，只有在垂直继承的基础上兼收并蓄，勇于创造，才能形成真正有价值的文化积淀。

不同地区文化的差异，是旅游活动产生的动因之一。旅游者到异国他乡旅游，目的之一就是学习和了解当地文化，如民俗风情、生活习惯、饮食文化、住宿文化、服饰文化、民间艺术、景观文化、文学艺术、历史文化及社会文化等。与此同时，旅游者又将自己本国、本地区或本民族的文化带到旅游目的地，并通过自己的言行举止有意无意地传播给目的地居民。因此，旅游能够促进文化的传播和交流。

四、旅游发展与文化保护

旅游是文化的载体，文化是旅游的灵魂。旅游就是特色经济，特色是旅游之魂，而文化则是特色的基础，没有旅游文化就没有旅游业。文化是旅游者的出发点和归结点，是旅游景观吸引力的渊源。

进入21世纪以来，文化因素已成为经久不衰的旅游资源，从而成为旅游业的内核和本质、灵魂和支柱。旅游文化的民族特色和地方特色构成旅游地特殊的文化背景和文化传统。实践证明，没有文化底蕴的旅游，是没有灵魂的旅游，也是没有生命力的旅游。旅游文化是一个国家或地方旅游业保持自身特色的决定因素。旅游的本质特征是文化，现代旅游业竞争的核心是文化内涵的竞争。因此，旅游的文化本质特征必然要求在发展旅游业的过程中高度重视和优先发展旅游文化。一个国家的旅游业若缺少了本民族传统文化的底蕴，便失去了特色，不能反映出本民族独有的精神内涵，也便失去了强大的吸引力。

实践表明，举凡旅游业昌盛之国，莫不以旅游文化取胜。文化已成为旅游休闲之根、之魂，文化与旅游融合，地域文化契合现代生活，传统与现代交相辉映，这些构成旅游地的绝妙风景，成为引领新一轮经济转型升级的重要引擎。

文化是一个民族或国家在其长期历史发展过程中所形成的生活方式、风俗习惯、伦理道德、价值观念、法律、艺术、哲学思维的特征等精神与物质要素的综合作用的结果及其表现。文化是人类智慧和劳动的创造，其存在和发展与人类社会的存在与发展紧密相连。文化的内涵博大精深。文化具有民族性、地域性，具有分布的空间特征和时代特征，不同民族、地域和时代的人们所创造的文化具有不同的类型和特点，从而形成了不同的民族文化、民俗文化和历史文化。

文化孕育了旅游，是旅游文化的母体；另一方面，旅游是文化的载体和媒介。古老灿烂的中华民族优秀文化，在相当程度上是靠中国旅游才得以传播和弘扬的。旅游，既是文化的消费过程，又是文化的创造过程。通过旅游，文化得到丰富、发展和提高，经济得到振兴和繁荣，物质文明和精神文明建设也得到长足的进步。

文化也是一种旅游资源，是旅游者参观、游览的对象，因此，一个国家、地区、社会以及当地居民为了发展旅游业，为其经济和社会服务，就必然十分重视对其民族文化和当地文化的发掘和保护工作。

首先，无论是历史文物古迹还是现实的民俗艺术，都应得到政府有关部门有组织、多学科、多角度的综合评价论证。这种全面、科学的研究和分析给予当地民族和历史的文化价值以深刻、更有力的肯定，从而为当地文化的保护奠定了思想认识基础。

其次，政府为了发展旅游业，会对民族和历史文化资源采取更实际的保护措施。比如从一般性的宣传号召转向通过立法保护文物、古迹等民族文化；将民族和历史文化保护纳入城乡总体建设和系统规划之中，意味着对人类遗产的保护给予了战略性的重视和长期安排；从财政上支持民间工艺品的生产；褒奖有特殊技艺、对文化发展做出重大贡献的民间艺人；组织社会各界力量维护、修复重要的文化遗址；资助传统艺术团体举办艺术节等。以上种种，可使历史文化和民族文化精粹在万象更新的现代生活中得以生存和发展。

再次，对民族和历史文化的保护愈来愈具有群众性。一个地区旅游业越是发达，当地经济以及城乡居民的收入水平就越是依赖于旅游业，他们对当地的文化精粹和自然环境就越是视为“衣食父母”“风水宝地”，自然也就会自愿和竭尽全力地加以保护。事实上，不少已濒临失传的民间工艺品、传统食品、戏剧曲艺、民风民俗等就是在这种背景下才得到重新挖掘、整理、更新和提高的。如果这种源于经济原因的文化保护意识能够与提高人民的文化教育水平相联系，民族和历史文化的保护就获得了更为有力的保证。

最后，旅游业的发展使得对文化的保护有了更充足的资金保证。以我国为例，过去对历史文物古迹、博物馆等文化的保护都是靠国家或地方政府十分有限的财政拨款，对历史文化难以起到有效的保护作用。而通过发展旅游业，可以将历史文物古迹等供参观游览点的门票等旅游收入全部或部分地用于对这些历史文物古迹的保护工作，从而使得对历史文化的保护工作有了更充足的资金保证。

第二节　文化是旅游的灵魂

早在1981年，著名经济学家于光远先生就在《旅游与文化》一文中指出：旅游不仅是一种经济生活，也是一种文化生活，旅游业不仅是一种经济事业，也是一种文化事业；从旅游资源的角度看，文化事业的发展也具有决定作用。到了20世纪90年代，喻学才等旅游文化学专家更加深刻地认识到，旅游文化是旅游业的灵魂和支柱，是旅游业可持续发展的源泉，是旅游业发展的经济增长点。

一、文化是旅游资源的魅力所在

多年来，众多的学者对旅游资源的内涵进行了积极的探讨，提出了许多建设性的概念和定义，随着2003年我国国家标准《旅游资源分类、调查与评价》的颁布，有关旅游资源的定义也趋于稳定。《旅游资源分类、调查与评价》将“旅游资源”定义为：“自然界和人类社会凡能对旅游者产生吸引力，可以为旅游业开发利用，并可产生经济效益、社会效益和环境效益的各种事物和因素。”这一定义与联合国环境规划署对旅游资源的定义基本一致，即“所谓旅游资源是指一定时间、地点的条件下能够产生经济价值，以提高当前和未来福利的自然环境和条件”。

旅游资源是旅游业赖以生存和发展的前提条件，是旅游业产生的物质基础，是旅游的客体。构成旅游资源的基本条件是一样的。首先，它对旅游者来说应具有一定的吸引力，能激发人们的旅游动机，能使旅游者得到一定的物质享受和精神满足。“旅游资源的理论核心是吸引力因素”，同时，吸引力也是评价旅游资源质量高低的关键性指标。其次，旅游资源应具有可利用性，对旅游业具有一定的经济、社会和文化价值，即旅游资源的开发能产生不同的经济效益、社会效益和环境效益。最后，旅游资源是客观存在的一种实在物，有的表现为具体的实物形态，如自然风景、历史文物等，有的则不具有物质形态的文化因素，如地区民俗风情等。绝大多数旅游资源都是先旅游业而存在的，并不以人们的开发利用为转移，即使是现代形成的旅游资源，如城市风貌等，也是在其形成之后被人们所认识，并为旅游业开发利用的。随着旅游者爱好和习惯的改变，旅游资源所包含的范畴会不断扩大。

旅游资源的特质很多，其中与文化有关的文化特性分为以下几点。

（1）美学观赏性。旅游资源区别于其他资源的最重要的特征之一是具有观赏性。旅游，是一种探索、一种学习、一种享受。一次成功的旅游，不仅能增长旅游者的历史、地理、宗教等方面的知识，还能开阔视野、强健体魄、愉悦身心。旅游者购买旅游产品的目的并非是因为其中包含了设施和服务等劳动的价值，而是因为旅游资源具有观赏价值、历史价值、文化价值等美学价值。不论是何种形式的旅游，人们都是希望通过观光等旅游活动得到美的享受，获取知识，调节身心，得到人们所需求的各种精神乐趣，即在美感陶醉中获得精神愉悦，在广闻博见中得到充实自我的精神满足，在怡情、寄情中满足释放情感的欲望。

（2）民族文化性。“资源”是一种自然存在物，可以任何形态存在，本身并不具有美的内涵，只是因为人类的介入，人类的文化映射在自然物上，才使它具有了美的含义。因而，不同文化层次的人对同一种自然存在物可能会有不同的美的感受。另外，旅游活动归根结底是一种文化活动。文化的差异是旅游资源吸引力的源泉，也正是因为有文化的介入，旅游资源才更具魅力。旅游资源的文化内涵是十分丰富的：既可以满足人们对美的事物的观赏，又可以使人们通过旅游获得丰富的知识，增强智力；既可以满足人们休闲疗养、放松身心的需要，也可以给人以猎奇探险、发现自身潜能的经历；既可以从辉煌的古代建筑、历史遗存中追寻古老的文化，又可以从身边的一点一滴、平凡生活中体验民风民俗等。因此，旅游资源又具有启迪心灵、陶冶情操、开发智力的功能。

旅游资源的价值在于满足旅游者的心理需要，由于不同的旅游者生活在不同的文化背景之下，成长于特定的文化空间，接受不同的价值观、宗教信仰、道德规范和风俗习惯，其旅游需求自然也会受到不同文化因素的影响，进而影响到对旅游资源的价值判断。因受文化特殊性的影响，一个民族在理解一种旅游资源的价值时，可能会产生明显不同于另一民族的判断。一种自然存在或社会现象是否会成为旅游资源，会因民族文化的差异而有所不同。

“只有民族的，才是世界的”，就旅游资源而言，与旅游者通常的生活习俗、文化背景和居住环境差异越大，特色越鲜明，内容越丰富，影响越广泛，旅游者就越感到独特，对他们就越具有吸引力。

文化内涵是旅游资源的灵魂。无论是何种旅游资源，都有其独特的文化内涵。实践已证明，旅游资源不仅有充实精神生活、增长知识、健身的功能，而且有促进经济发展、加强文化交流和相互了解的价值。对一个旅游资源来说，它本身是一种天然的存在物，并非为了旅游而存在，只有人们发现了它的美，才会去游览、欣赏，当地政府或是投资者感到有利可图，才会对它进行规划和开发，挖掘其文化内涵，它就成了旅游目的地。其中，自然旅游资源文化内涵的挖掘，一般从三个方面着手。第一，是其科学性。各类旅游资源都是客观存在的、形态结构各异的物质实体，因此它必然是科学实体。从其最初存在的科学性开始，至其自然演变过程，至其现在的状态，这一过程是其科学性的体现。内容包括：发生的科学性、发展的科学性、不同学科种类保留的科学性、设计的科学性、用材的科学性和时代的科学性。第二，是其审美性。从美学的角度挖掘其形态美，其形态美主要表现在它的自然美与和谐美，且自然旅游资源对旅游者产生吸引力最原始的出发点就在于它的自然美与和谐美。旅游开发者要善于从多方位的视角去欣赏它，并通过发挥想象力进行发散式思维，以发现其美的特征。第三，是其生物资源的研究。从考察生物资源的种类、特征、生存方式等方面着手研究。而人文旅游资源文化内涵的挖掘，也可以从三个方面着手。第一，是其历史性。人文旅游资源是历史的见证，考察人文旅游资源的历史性应从其最早的记载开始，考察该旅游资源在各个历史时期的发展状况，重点是发生在该区的重要历史事件、历史人物及历史遗存，研究这些历史遗存的史学价值。第二，是其艺术性。从历史遗存的现状研究其艺术特征，包括绘画艺术、雕塑艺术、建筑艺术、书法艺术、设计艺术等等。第三，是其文化精神及社会影响力。主要从旅游资源展现出的文化精神着手，研究该文化精神对附近居民的潜在影响，从中提炼出该旅游资源的文化精髓。

文化资源是旅游的核心资源。旅游的潜力很大程度上取决于文化的魅力和吸引力。旅游资源多种多样，但决定其品质的是文化。有了文化的内涵和底蕴，旅游就会平添无限魅力。体现文化特色，需要把握该文化的内核所在、特质所在，以现代形式、大众方式来诠释和表达。没有深厚的文化内涵，旅游就失去了生命和活力，更不可能实现飞跃发展。中国有句古话：“山不在高，有仙则名；水不在深，有龙则灵。”说的就是文化对自然的辉映和升华，文化赋予自然以生机和灵气。从旅游业的发展看，文化资源已经成为现代旅游的第一资源，凡是旅游吸引力、竞争力强的地方，都是有独特文化品格和文化魅力的地方。

从文化与人文旅游资源的关系来看，文化孕育着人文旅游资源，人文旅游资源包含着文化，人文旅游资源的开发与鉴赏，都需要进行文化的解读。人文旅游资源属于文化的范畴，不少文化资源只要略加开发就可以成为富有吸引力的旅游产品。大量的人文旅游资源都具有丰富而深邃的文化内涵，游人要欣赏、感悟它，规划师、旅游商要开发利用它，就必须具备一定的文化素养。从文化与自然旅游资源的关系看，大好河山孕育文化，文化辉映大好河山，二者相得益彰。此外，许多自然旅游资源虽然本身不具有文化属性和叠加的历史文化色彩，但自然美无疑需要从文化层面来鉴赏，需要用科学知识来解读，而且，要将自然山水转化为旅游产品，必须通过旅游开发这一文化手段来实现。因此，从这个意义上讲，自然旅游资源同样也具有一定的文化特性，与文化是密不可分的。

二、对文化的追求是旅游主体的出发点与归宿

旅游主体出游的目的无非是出于乐生、养生、健身、求知和审美的需要。这些需要按照著名心理学家马斯洛的需要层次理论，都属于高层次的文化需求。人们对充满异国他乡情调的城市文明、田园风光、民俗风情满怀好奇心，满怀憧憬和期待，这是人类求异心理的典型反映；人们总是希望在奇险幽野的山岳景观中获得美的感受，在壮阔雄伟的江河中获得美的熏陶，这是人类审美意识的唤醒与律动；人们总是期待着在大自然中获得灵感，在人类文明的河床上获得智慧，这是人类求知、启智需求的体现；人们总希望通过投身于自然忘却烦恼、获得快乐，通过参与异国他乡的民俗活动洗去心灵尘垢，获得愉悦，通过旅游团队人与人之间的和谐相处忘掉尔虞我诈、钩心斗角，获得心灵的慰藉，这是人类的本能；人类通过跋山涉水可以强身健体，通过回归自然、享受自然可以消除疲劳，缓解工作压力，这是人类健身养生的需要。上述需求的满足都需要文化的参与，同时也是文化的体现。

旅游现象是一种文化现象，当然这并不排斥旅游是经济现象的认识。总体说来，对文化的追求是旅游主体的出发点和归宿，笔者认为表现在以下几个方面。

1. 文化是旅游的核心吸引物

各种文化因素不同程度地发挥着旅游动机刺激源的作用，成为旅游者决策的核心吸引物。例如：各民族文化、地缘文化被人们视为旅游活动中期待了解的对象。

2. 文化提供了规范旅游者行为的基础

应当看到，旅游行为也要受到一般社会生活规则的制约。庞杂的观念体系约束着人们对旅游内容的追求和对旅游方式的选择。无形间，人们的社会意识促使旅游日益成为一种较高文化层次的短期生活方式，或者说对文化的追求已成为游客高层次的旅游抉择。

3. 文化需求是旅游的根本动因

旅游过程实际上是文化的体验和享受。出行旅游有物质需求，但更深层的是精神文化需求。能不能在旅游产品和服务中体现出更多文化内涵，直接决定着旅游业的品质和前景。提升旅游的层次，增强旅游业的竞争力，关键是走内涵式发展道路，提高旅游的文化含量。旅游的文化品位是全方位的，体现在食、住、行、游、购、娱等各个环节。在旅游活动中，人们参观历史古迹、游览名山大川、体察风土人情，时刻都在触摸文化脉搏、感知文化神韵、汲取文化营养。人们到北京登长城、看故宫，就是在品味中华文化的悠久与醇厚。人们来海南，畅游天涯海角，领略椰岛风光，最令人回味的是天人合一的心灵感悟和独具特色的民俗风情。旅游机构做过调查，旅游者出行最大的动机，是为了获得审美的情趣和精神的愉悦。旅游作为一种综合性、高品位的文化活动，其文化意义不言而喻。

三、文化是旅游业兴旺发达的源泉

一个没有文化的产业是没有活力的产业，一个没有文化的产业是没有灵魂的产业，是必定会被市场无情淘汰的产业。旅游产业也是如此。一个文化氛围浓郁、文化底蕴深厚的旅游产业对内可以团结员工、凝聚人心，对外可以吸引顾客、获得效益。

文化与人类的物质生活和精神生活有着密切的关系，文化的核心内容就是人类在长期适应和改造自然的过程中所形成的思维模式和行为模式：思维模式包含在观念信仰、知识、价值中，是看不见的，只有当它诉诸行为时才表现出来；行为模式包含在人的行为和人类创造的各种物质形态中，是可见的、经验的，对文化的研究往往从可见的行为开始，透过行为洞察其内在的价值观念。

文化渗透在人类活动的各个领域，旅游是一种休闲活动和方式，在旅游中游客可以暂时脱离传统文化义务的约束，不受世俗礼仪的支配，投身到一种新的文化关系中去，即旅游文化是包含在旅游活动中的人类物质和精神活动成果的总和，同时它也是一种可供观赏和参与，并使观赏者和参与者都深刻感受到的一种文化，它有非常明确的展示性和选择性，有很多艺术特色蕴含其中。旅游的本质是一种精神文化活动，是满足旅游审美需求的社会文化现象。随着社会文明的进步，人们对精神生活的需求越发强烈，旅游者将越来越不满足于山水景物的浅层观赏，而追求从文化的高品位上，从自然、人文景观与文化的契合点上去获得一种审美愉悦，去探求认识和感悟一种文化的深厚底蕴。

鉴于文化对旅游效果的作用，笔者认为文化旅游产业可以从以下这些方面进行强化。

（1）加强了解旅游消费者的文化需求。作为旅游经营者，必须了解旅游消费者的文化需求和文化精神特征。比如，外国旅游者来中国，除了欣赏我国秀美的山川名胜、体会灿烂的历史文化、品尝中国的美味佳肴以外，更希望能够了解中国的社会经济文化发展状况，了解中华民族的生产、生活、信仰、娱乐等方面的习俗。这就要研究不同的旅游消费群体，把握消费者的文化消费心理。

（2）进一步调整和优化开发格局。当前，旅游需求消费的重心正在由观光型向文化型、保健型和生态型等方面转化。重点开发有关生态文化、健康娱乐、度假休闲、会务和商务型旅游产品，以及独具文化特色的旅游商品。

（3）全面加强文化建设。旅游业是一项涉及“吃、住、行、游、购、娱”六要素的综合性产业，其文化建设除抓好旅游资源文化内涵的挖掘外，还要抓好旅行社、旅游宾馆、旅游车船公司等企业、旅游目的地的文化建设。旅游企业的有形产品，除了要具备实用功能外，还必须满足顾客求美、求新、求知的文化功能。作为主要接待的旅游饭店，要突出其建筑文化、装潢文化、功能文化和服务文化的建设，重视大堂文化、楼道文化、卫生间文化、餐厅文化和休闲娱乐文化等方面的设计和建设。旅游目的地要营造一种浓厚的文化氛围，借以提高旅游区的品位和档次。为了做好旅游市场营销，除了要加大产品的文化内涵外，营销人员自身的文化素质、言谈举止、礼节礼仪都要体现一个民族、一个地区的文化特征，给人以鲜明的高品位文化形象。

当今世界，经济结构正在经历深刻变化，旅游业也进入一个大调整、大发展的时期，旅游与文化呈现出深度融合、同生共进的发展趋势。旅游业和文化产业的关联度越来越高，协同性越来越强，旅游中的文化因素日益突显。旅游品牌与文化品牌的有机融合，越来越成为吸引人们旅游的动力；旅游消费与文化消费的有机融合，越来越成为拓宽旅游市场的重要引擎；旅游创新与文化创新的有机融合，越来越成为推动产业升级、提升竞争力的战略支点；旅游产业与文化产业的有机融合，越来越成为提升经济效益、创造社会价值的重要源泉。可以说，文化与旅游深度融合与一体化发展趋势，是转变旅游发展方式的必然要求和根本途径，是推动可持续发展的重要选择和兴旺发达的源泉旅游的经营说到底是文化的经营，其最高层次也是文化，作为一个旅游企业，它是生产文化和销售文化的企业，旅游者的旅游行为实际上是在购买文化、享受文化、消费文化，无论是自然旅游资源还是人文旅游资源，要吸引和激发起旅游者的旅游动机，就必须具有魅力无穷、独具特色的民族、地方文化内涵，满足人们对科学、史学、文学、艺术和社会学等方面的不同需求。因此，旅游的文化本质特征必然要求优先发展文化旅游。

随着人类社会的进步和人们文化素质的提高，旅游与文化结合得越来越紧密。人们旅游的目的之一就是暂时改变一下原有的环境，寻求新的感观刺激。要给游人以新的感受，首先要造成一种特有的文化氛围，以强烈的震撼力冲击游人，使其久久不忘。文化动机是旅游者最基本的旅游动机。旅游者参与旅游活动是为了满足某种需要，不同的旅游者有不同的需要。比如：有为了松弛神经、休养生息的休闲旅游，有为了观赏异国他乡的风土人情、祖国大好河山的观光旅游，还有体育旅游、商务旅游、生态旅游、购物旅游、会议旅游等等。就其实质而言，旅游者主要是为了追求精神文化的满足，旅游活动主要属于精神文化活动的范畴。具有较高知识水平的游客，大多讨厌封建迷信等庸俗低下的展示和宣传，希望在观赏之中能够得到客观的科学的解释，增加实际知识，受到精神文明的启发和教育。针对这种心理需求，更应尽量发掘文化旅游资源，因为历史文化、名胜古迹等更具知识性、科学性和客观现实性，能使人得到更多的教益。如果只提供对自然景观表面肤浅的解说，必然不能满足现代高素质旅游的需要。

四、文化交融是旅游业实现经济效益与社会效益的途径

经济效益，是通过商品和劳动的对外交换所取得的社会劳动结余，即以尽量少的劳动耗费取得尽量多的经营成果，或者以同等的劳动耗费取得更多的经营成果。经济效益是资金占用、成本支出与有用生产成果之间的比较。所谓经济效益好，就是资金占用少，成本支出少，有用成果多。提高经济效益具有十分重要的意义。

社会效益是指最大限度地利用有限的资源满足社会上人们日益增长的物质文化需求。在旅游产业发展过程中，文化交流由于其在旅游中的重要作用和地位，在现代旅游发展中愈发显示出其独特的魅力和强大的功能。而文化的交流是旅游业实现经济效益与社会效益的途径之一。党的十八届三中全会中明确指出：推动文化企业跨地区、跨行业、跨所有制兼并重组，提高文化产业规模化、集约化、专业化水平。这对推动文化和旅游相结合提出了明确要求。文化与旅游两者之间具有天然的紧密联系。文化是旅游之“魂”，文化的内涵决定着旅游的品位、精神价值和人文含量，是旅游业增强吸引力、感染力、影响力、竞争力的根本所在，是支撑旅游业可持续发展的取之不尽、用之不竭的核心资源。旅游景点往往凝结着丰厚的历史文化、革命文化、民族民俗文化等资源，这是旅游的第一资源，旅游过程本质上是文化之旅、精神之旅，是感知文化、品味文化、鉴赏文化、体验文化、享受文化的经历，是愉悦身心、陶冶情操、增长见识、提升境界、净化心灵的文化体验。旅游是文化之“体”，是承载文化内涵的重要载体、文化传播的重要渠道，是把群众潜在文化需求转变为现实文化消费的重要形式，是普及历史文化知识、弘扬民族精神和时代精神、开展爱国主义教育和革命传统教育的重要方式，是文化惠民、文化乐民、文化育民、文化富民的重要途径。文化之“魂”与旅游之“体”相互依存、相辅相成，统一于旅游文化产业发展和人民群众的旅游实践中。通过旅游，寓教于游、寓教于乐，使文化之“魂”广为弘扬、

传之久远、生生不息。离开了文化之“魂”，旅游之“体”就失去了精神价值的支撑，即使形式上热热闹闹，也会因为缺少品位和内涵而失去魅力和生命力，最终失去对游客持续的吸引力和影响力；离开了旅游之“体”，文化之“魂”就失去了有效的表现形式和传播渠道，其精神价值的实现就会大打折扣，也就难以充分发挥引领风尚、教育人民、服务社会、推动发展的作用。

文化交流与旅游业的结合，正在中华大地上迸发出前所未有的生机活力，催生出巨大的经济效益和社会效益，给人民群众带来了看得见、摸得着的实惠。

其一，有利于把促进优秀文化遗产的保护传承与推动经济社会发展有机结合起来。中华民族在五千年的发展历程中创造了光辉灿烂的历史文化，留下了璀璨夺目、极其丰富的文物遗迹和非物质文化遗产。这些珍贵的文化遗产是中华民族悠久历史的见证，是民族智慧的结晶和民族精神的象征，是民族生命力和创造力的体现，也是人类文明的瑰宝。近年来，党和国家不断完善政策措施，加大投入力度，加强对重大文化遗产地、重点文物、历史文化名城名镇名村的抢救保护，推进博物馆等向社会免费开放，大量的文物资源、文化古迹焕发出勃勃生机，对广大人民群众的吸引力与日俱增，越来越成为旅游业繁荣发展的宝贵资源和强大动力。文化遗产与旅游相结合，既展示了当地蕴藏的独特历史文化内涵，彰显了地域文化魅力和影响力，又催生了旅游衍生产品，带动了配套服务业的共同发展，成为促进当地经济社会发展的新亮点。实践证明，对于有市场前景的非物质文化遗产，在国家政策支持下积极与旅游相结合，与旅游纪念品开发相结合，推动旅游市场产业化，是对非物质文化遗产最积极、最有效、最可持续的保护传承方式。例如，全国剪纸艺术之乡河北蔚县积极利用剪纸艺术开发旅游纪念品，这就是一个生动的案例。该县已形成 26 个剪纸专业村、1100 个专业户、3.6 万从业人员的规模，产品涵盖 8 大类 6000 多个品种，销往世界各地，使以往人们仅仅用来贴窗花、自娱自乐的小小剪纸，成长为产值数亿元的当地支柱产业。

其二，有利于加快贫困地区群众脱贫致富的步伐，帮助更多群众共同富裕。一些旅游景区地处偏远贫困地区，土地贫瘠、交通不便、资源缺乏，发展地方经济举步维艰，而文化与旅游结合，给当地群众开启了一条脱贫致富、实现跨越式发展的捷径。比如，贵州黔东南苗族侗族自治州雷山县西江千户苗寨，2008 年人均收入只有 1800 元，通过推动文化与旅游结合，民族风情、民族歌舞得到充分展示，非物质文化遗产大放异彩，吸引了来自国内外的众多游客，在短短3年多的时间，人均收入就达到7100多元，各族群众生活水平大幅提高。

其三，有利于提升全社会的文明素养，推动社会主义新农村建设。通过文化与旅游相结合，把精神文明建设纳入景区评级的重要内容，带动了旅游景区基础设施、环境卫生、服务条件的极大改善，促进了文化氛围、社会秩序、治安状况的极大提升，推动乡村面貌焕然一新，展现出一幅社会主义新农村的崭新画卷。

其四，有利于创新爱国主义教育和革命传统教育。韶山、井冈山、延安等革命纪念地，既是开展爱国主义教育和革命传统教育的重要课堂，又是发展旅游的宝贵资源。革命文化与旅游相融合的红色旅游，是旅游百花园中艳丽的奇葩，是开展爱国主义教育和革命传统教育的创新举措，通过寓教于乐、寓教于游，既把我们党领导各族人民在革命、建设、改革各个历史时期艰苦奋斗、开拓进取留下的历史遗迹牢牢凝固在中华大地上，把我们党创造的宝贵精神财富深深根植于全国各族人民心中，又实实在在地加速了革命老区群众脱贫致富的步伐，使红色旅游成为名副其实的政治工程、文化工程、富民工程、民心工程，发挥了很好的政治效益、社会效益、经济效益。

其五，有利于促进民族团结与进步，巩固和发展平等团结、互助和谐的民族关系。民族地区蕴含着丰富的旅游资源，包括旖旎秀美的自然风光、多姿多彩的民族风情、底蕴深厚的历史文物、独具特色的非物质文化遗产等。文化与旅游结合，加速了各民族之间的往来和沟通，增进了不同民族文化的交流，密切了民族感情，使各族群众进一步感到“汉族离不开少数民族、少数民族离不开汉族”。由此可见，文化与旅游相结合，好处多多，不胜枚举，功在当代，利在千秋。

当前，转变经济发展方式的步伐明显加快，以旅游业为代表的服务业方兴未艾，人民群众中蕴藏的文化旅游消费潜力正在迸发，文化与旅游深度融合前景广阔、大有可为。我们一定要充分认识文化与旅游相结合的重大意义，积极利用各地悠久的历史文化、丰富的红色文化、浓郁的民族民俗文化等资源优势，大力发展旅游文化产业，培育新的旅游文化业态，打造一批特色鲜明的旅游文化品牌，推动兴起旅游文化产业发展的新高潮，为加快转变经济发展方式、满足人民群众精神文化需求做出更大贡献。

目前，世界上许多旅游业发达的国家都实行了“文化经济”新战略。美国洛杉矶文化旅游负责人罗伯特·巴雷说：“文化旅游大概是美国增长速度最快的旅游项目，因为各个城市发展文化旅游可以获得相当可观的收入。”意大利对文化遗产投入和产出经过全面系统计算，得出的结论是，国家每年对文化性参观旅游业征收的增值税收入是保护费用的 27.5 倍，并能提供就业岗位，带动建筑、商业和交通运输，促进科学文化的发展。他们由此认为，文化遗产是该国最丰富的宝藏，其中蕴藏着巨大的经济潜能，是政府永不枯竭的财政来源，应视为战略资源和国家基本生产结构的重要组成部分，以达到保护文化、宣传自己、经济受益一箭三雕的目的。韩国也积极采取多种措施大力发展文化旅游业，意欲将文化旅游培育成 21 世纪的国家战略产业。从我国旅游业发展的实践来看，“文化搭台，经济唱戏”已成为发展旅游业的一大特色。

五、多方努力，推动旅游文化产业发展繁荣

（一）完善发展旅游文化产业的相关政策

旅游业是全球公认的关联度高、带动力强、辐射范围广的绿色产业，旅游消费是可持续、多层次、综合性的最终消费。在我国，旅游业与超过 110 个部门产业和行业相关联。据世界旅游组织测算，旅游消费对住宿业的贡献率超过 90%，对民航和铁路客运业的贡献率超过 80%，对餐饮业和商品零售业的贡献率超过 40%，旅游收入每增加 1 元，可带动相关行业增收 4.3 元，每增加 1 个就业岗位，可间接带动 7 个人就业。“旅游文化化”“文化经济化”和“经济文化化”的趋势表明，当今世界综合国力的竞争，不仅包括经济实力、科技实力的竞争，而且包括文化实力和民族精神的竞争。所以，只有通过积极发展文化产业，才能发挥我国的文化优势，在激烈的国际竞争中，捍卫自己的国家利益，保障国家的文化安全，增强我国的综合国力。

发达国家发展旅游文化产业的实践证明，政府对其支持起到了重大的甚至是关键性的作用。没有政府的支持，发达国家旅游文化产业的发展不会像今天这样繁荣和兴盛。加之旅游文化产业毕竟是个特殊的产业，特别是文化产业，它给人们制造精神食粮，塑造健康的民族文化心理。这就启示和要求我们在大力发展旅游文化产业时，必须坚持政府主导与市场运作相结合的原则。在加大政府政策引导、规划调控、行业监管、新政不断的同时，还必须充分发挥市场在资源配置中的基础作用，积极调动社会力量参与旅游文化产

业发展。

（二）激发与扩大旅游文化消费需求

中华人民共和国成立以来，经过60多年的发展，特别是改革开放40年以来，我国的生产力不断得到提高，经济实力不断增强，社会财富不断增加，人民已经总体上解决了温饱问题，正意气风发地向小康社会迈进，这就为旅游活动奠定了坚实的物质基础，进一步激发了人们追求精神、文化等高一级需要的欲望。

我国不断提升的开放水平，迫使人们加快、缩短观念更新的节奏和周期，党和政府坚持“以人为本”，采取了一系列惠民政策，使人们受教育程度普遍提高，促使国人生活方式的改变，生活方式的改变促使旅游形式多样化。随着社会进步和生活观念的转变，休闲已经成为人类生活的重要组成部分。休闲，是一种文化现象，是人们在繁重的工作之余自我调适的一种生活方式，是在闲暇时悠然自得的休息活动和娱乐活动。由此形成了一种休闲文化，它不仅优化了人们的生活方式，而且也改变了人们对生命和大自然的态度，这就大大激发了人们休闲旅游的动机。

我国政治稳定，思想活跃，艺术创作精品迭出，为旅游文化产业的大发展创造了不可或缺的充分必要条件。旅游是文化推动的结果，在这种自由稳定的政治、文化背景下，人们自然而然地改变着传统的生活方式，产生了大量的旅游需求，旅游者队伍迅速壮大，带来了旅游的新气象。我国与时俱进地改革传统的休假制度，为旅游文化产业的发展提供制度保障。“休假，使杂务中断，使焦灼凝练，使肢体回归，使亲伦重视”，许多国家纷纷采取了相同的做法，即缩短工时，带薪休假。

因此，必须分析了解这些主客观要素，不断激发旅游者内在的消费需要，特别是要分析了解旅游消费者的文化需求和文化精神特征，最大限度地激发不同消费群体的旅游动机。

（三）拓展旅游主体的外延以推动特殊群体旅游文化产业发展

据国外的一份抽样调查资料显示，在世界各旅游目的地，青年旅游者在全体旅游者中的比例为：美洲42.9%，欧洲49.0%，非洲34.0%，亚洲38.7%，大洋洲34.0%。在国内，日益壮大的旅游主体中，有2.5亿青少年，占全国 1/3 强的旅游人口，是一个庞大的极具诱惑力且尚未被深度开发的旅游市场。青少年学生既是现实的旅游购买力，也是旅游业可持续发展的不竭动力。资料表明，一个普通家庭将 60% 的消费开支用在了孩子身上。由此可见，青少年学生的旅游选择，以及受青少年学生影响而做出的家庭旅游的选择，在我国国内旅游活动中无疑占据着举足轻重的地位。如何结合青少年旅游特点创造各种条件，将青少年旅游打造成一种理想的“寓教于乐”的休闲和学习方式，大力培育青少年等特殊群体旅游市场，是社会各界共同关注的一个重要课题。

少年儿童、小学生、中学生、大学生群体具有不同的心理特征和旅游行为倾向，因此，相关组织者应根据不同年龄阶段的特征提供相应的旅游产品和旅游服务的内容，这样才能更好地激活以青少年为主体的旅游文化产业。

据一项对游客旅游时间安排的调查统计分析显示，有近 65% 的旅游者将旅游安排在“寒暑假”和“节假日”，只有 9.3% 的人把旅游安排在“大周末”。鉴于此，应充分利用“寒暑假”和“节假日”时间开展形式多样的冬、夏令营活动，大力举办红色旅游、高校游、素质训练营等，通过游览达到学习知识、增长见识、增强体魄、培养爱国精神、提高技能等目的。同时，我们还可以利用寒暑假时间组织到国内外进行短期修学旅游，学习当地的语言文化，体验异国的民风民俗，游览自然风光，促进青年交流；还可以借鉴国外的做法，以“廉价、自助、方便、环保”为旅居条件，向青少年提供旅游机会和各种活动的青年旅馆，让他们亲自去发现乡村的美景和城市的文化传统，自己策划行程、清理房间、实践环保、组织活动，尽情享受大自然风光，不断接受新事物，从而达到锻炼和提高素质的目的。目前，虽然我国父母携带孩子的“亲子游”等旅游项目还未真正开展起来，甚至学龄少年的旅游还未有旅游业界人士过问，但以家长为吸引对象的旅游目的地却有大量学生旅游者，说明特殊群体旅游还有较大的发展空间。

（四）研究和开发民俗文化以推动民族文化旅游产业发展

我国是一个拥有 56 个民族的多民族大家庭，每一个民族都有自己的宗教信仰、生活习惯、风俗文化等。城市中生活节奏紧张、竞争激烈，许多人想放松心情，希望返璞归真，回归自然；外国旅游者来中国，除了欣赏我国秀美的山川名胜、灿烂的历史文化、品尝中国的美味佳肴以外，更希望了解中国的社会经济文化发展状况，了解各民族的生产、生活、信仰、娱乐等方面的习俗。而民族文化旅游的魅力在于能让游客亲临民族聚居区，深入村寨或家庭，去感受民族风俗文化、歌舞、民居建筑以及饮食风味，还可以购买民族用品、装饰品等，满足他们的审美、求新、求知、求乐、怀旧、偏爱、共鸣、从众等需求，在展示、宣传多彩的民族文化的同时又可以创造经济效益，实现民族文化与民族旅游经济的良性互动，从而形成各具特色的强大的民族旅游文化经济。

第四章

旅游产业与文化产业融合发展的动力

第一节 旅游产业与文化产业融合发展的动力概述

按照《辞海》的定义，动力即一切力量的来源，主要分为机械类和管理类。机械类动力是指使机械做功的各种作用力，如水力、风力、电力、热力等。管理类动力比喻对工作、事业等的前进和发展起促进作用的力量。例如：人民是创造世界历史的动力。本章论述的是推动旅游产业与文化产业融合发展前进的力量。

一、旅游产业与文化产业融合发展动力的内涵

众所周知，动力具有方向性、动态性、加和性等特征。因此，旅游产业与文化产业融合发展的动力也具有方向性、动态性和加和性三大特征。根据旅游产业与文化产业融合发展动力形成的原因，可分为内生动力与外生动力：内生动力是指旅游产业与文化产业融合发展过程中，产生于两大产业内部、致使其运动与发展状态发生变化的力量；外生动力则来源于旅游产业与文化产业融合发展的外部，如产业政策的变化及科学技术的发展，无疑会推动旅游产业与文化产业融合发展。按动力对旅游产业与文化产业运动与发展的作用方式而言，可分为直接动力与间接动力。按动力对旅游产业与文化产业运动与发展的作用强度，分为主导动力与辅助动力，其主导动力对旅游产业与文化产业融合发展起根本性的支配作用。其中，内生动力在所有动力中是其融合发展的决定性力量。

相对于传统产业主要发展的动力是土地、机器、厂房等硬要素驱动而言，旅游产业与文化产业融合发展的主要动力是世界旅游经济进入后工业社会的新型产业经济形态，人的创造力、文化、品牌和知识产权等软要素尤其是文化要素是其发展的主要动力，这就使得旅游产业与文化产业融合有了一定的基础和条件。

二、旅游产业与文化产业融合发展的动力理论分析

随着消费时代的到来，文化消费的比重正逐步超越物质消费的比重，日益成为人类消费的主体，旅游业作为现代社会背景下基本的消费形式，越来越充满了文化意蕴。旅游与文化融合发展的趋势首先被产业界捕捉，国内出现如华侨城、印象刘三姐、常州恐龙园等旅游和文化融合的成功案例。2009年，国务院《关于促进文化与旅游结合发展的指导意见》和《文化产业振兴规划》等文件相继出台，将旅游产业与文化产业的融合发展推到新的高度，2010年前后，旅游产业和文化产业融合发展也成为学界关注的焦点。在总体层面上，国内旅游与文化融合的产业实践、旅游与文化融合的研究发展尚处于初级阶段，旅游产业与文化产业间跨行业突破，遭遇到来自观念、市场、政策等方面的障碍，归根结底是旅游产业与文化产业的融合策略没有解决。

笔者立足于旅游产业与文化产业融合的现实困境和已有的实践经验，站在推动旅游产业与文化产业融合的立场，突破已有研究对旅游产业与文化产业融合存在的问题与对策、融合模式与路径等方面的关注，从旅游产业与文化产业的内在关联、旅游产业与文化产业外部环境等基本层面出发，探讨旅游产业与文化产业的融合动因，深化对旅游产业与文化产业跨界融合现象的认知，推动旅游产业与文化产业融合的产业实践，都具有重要意义。

（一）旅游产业与文化产业融合发展的内在基因

旅游产业和文化产业的内核分别是旅游和文化，旅游和文化的性质及相互关系是决定旅游产业与文化产业间跨界融合是否可行的决定因素。旅游与文化的伴生性、旅游的开放性与文化的渗透性表明，旅游产业对文化产业的吸纳与文化产业对旅游产业的渗透是可行的。

1. 旅游与文化的伴生性

人类文明史也是一部休闲史。没有休闲，就很难有真正的艺术、哲学、文学、科学与宗教的产生。亚里士多德深刻地指出：休闲是人类文化的基础。在休闲中人类创造文化，文化满足人类休闲需要。在互生之外，旅游与文化的伴生也体现在其功能的一致性。从满足人类需要的角度，在麦金托什的旅游动机理论中，文化动机出自想要了解异域文化的愿望，包括音乐、民俗、舞蹈、

绘画及宗教等，文化是旅游活动的重要驱动力。在谢彦君看来，旅游在根本上是一种以获得心理快感为主的审美过程和自娱过程，审美显然是一种文化现象。

2. 旅游的开放性与文化的渗透性

从经济学角度看，一个产业是由生产同类产品的企业构成的，只有经营相同的业务或生产具有替代性同类产品的才能被归为同一产业。旅游业使相关产业间具有一定的业务联系，在不分化或难以分化的情况下，以旅游需要为中心，旅游者的活动过程为中介联系起来而形成的产业，而旅游活动是一种异地休闲，休闲的广延性意味着旅游产业具有开放性的特征。与旅游产业的开放性对应，文化产业具有渗透性特征。文化工业的逻辑是：为产品添加文化元素，以便让产品能够镶嵌进文化系统中，商品沾染上文化意义，而转变为符号。文化的产业化过程表现为文化资源对产品或服务的依赖性及其对其他产业的渗透性。旅游的开放性与文化的渗透性表明旅游与文化跨界融合是可行的。

旅游与文化的伴生性、旅游的开放性与文化的渗透性，这两个方面在一定程度上构成了旅游产业与文化产业融合发展的内在基因，而其内在基因是这两大产业融合发展的核心动力。

（二）旅游产业与文化产业融合的动力系统原理

产业运营的基本逻辑是通过对产业资源进行合理有效组合，将资源转换为产品，在满足市场需求的同时实现资本增值。但产业运营的过程对社会、经济、文化构成的宏观环境不是封闭的，当经营环境产生变化、市场需求发生变动时，资本需改变原有的运营和资源组合模式，以保持与市场及经营环境间的平衡。而当改变了资源组合模式所涉及的产业资源跨越原有产业边界时，就发生了产业的跨界融合。随着“新经济时代”的到来，以不同产业经营主体间相互渗透、跨产业经营为特征的产业融合成为提高生产率和竞争力的一种有效产业组织形式。

产业融合现象的发生是产业融合预期效应和产业融合动力双重驱动的结果。产业融合效应是产业跨界进行经营、因资源充足而产生的预期收益。产业融合的动力系统（CF）由拉力（PF）、推力（VF）、支持力（SF）以及阻力（OF）四个子系统构成，其中拉力和推力是产业融合的核心动力，支持力和阻力是产业融合的外部辅助与干扰因素，其中 CF=（PF+VF）* SF-OF 。CF 为正时，经营主体会在预期融合效应的吸引下产生跨界重组资源的冲动；CF 为负时，经营主体进行跨界重组资源的冲动被阻滞。拉力（PF）主要来自市场需求，当市场需求发生转向，经营主体为保持市场间的平衡，对资源组合方式进行重组，如果重组中所涉资源跨越原有经营边界，即引发产业的跨界和融合现象。推力（VF）因素主要包括竞争合作压力、资本对效率的追求等内在驱动因素，随着产业生命周期的演进，竞争压力迫使经营主体重组经营资源、外部联合、内部创新经营策略，当新的经营跨越既有产业边界并形成新的增长点时，产业跨界融合就发生了。支持力（SF）主要体现为政府放松产业进入、投资等限制，破除产业壁垒的限制，推动产业间经营资源的流动和重组。阻力（OF）主要体现为因制度限制、行业因素而构筑的产业壁垒，阻断了产业间经营要素的流动和重组。市场需求、竞合压力、管制放松、行业壁垒等经营因素和环境构成产业融合的推力、拉力、支持力以及阻力，产业融合的发生是四个向量构成的合力引发的行业间经营要素重组并生成新的增长点的产业过程。

（三）旅游产业与文化产业跨界融合的动力系统分析

产业融合现象奠基于电子信息产业而扩展到整个现代经济领域，现有的产业融合理论带有电子信息产业的痕迹，强调以市场、竞争等因素驱动下的技术创新及产业间的渗透为主线的产业融合。产业间的融合覆盖了技术创新、产品开发、市场营销以及经营管理的整个产业经营领域。旅游产业与文化产业作为现代产业体系的一部分，其间的融合发展遵循上述产业融合的动力框架，也表现出旅游产业和文化产业的产业特性。旅游产业和文化产业都是以内容为基础的产业，因此其间的融合以内容创意为线索，围绕“产品——营销——市场”展开。因此旅游产业与文化产业间的融合的 CF=（PF+PF）PF-PF 动力模型可表述为：以大众文化消费为背景，以旅游和文化的同根性为基础，以资本为纽带，以行业竞争和国家社会战略为驱动，以内容创意及渗透延伸为主线，以“产品——营销——市场”为平台。

1.旅游产业与文化产业融合的推力

董观志曾指出，中国旅游业已经全面进入系统性产能过剩的发展阶段，产能过剩导致的行业竞争压力在素有“市场晴雨表”之称的央视招标会上得以生动体现。自 2007 年“好客山东”的旅游广告登陆央视平台，到 2012 年，登陆央视的旅游形象片超过 400 个，激烈的竞争迫使企业不断寻找亮点。中国人民大学文化创意产业研究所所长金元浦认为“旅游最核心的东西是创意”，一语道破了旅游竞争的“脉门”，旅游竞争在于创意和文化，文化的生产力在于创新。从文化产业的角度看，我国文化产业许多主体是从文化事业单位转制而来的，产业结构上存在先天缺陷，市场上产品大多仿制，缺乏创意，缺少文化核心驱动力，面对以迪士尼、美国大片等为代表的国外文化的强势表现，中国民族文化产业迫切需要突破已有格局，重塑民族文化产业的竞争力。正是在这样的背景下，推动了旅游产业与文化产业的融合。

2. 旅游产业与文化产业融合的拉力

依据世界旅游业的发展历程，旅游行业一般经历“观光旅游—休闲旅游—度假旅游”三个发展阶段，分别对应人均 GDP1000 美元、2000 美元和 3000 美元的门槛值，对比国内经济社会发展现状，国民旅游消费正处于升级转换期，国务院发布的《国民旅游休闲纲要（2013—2020）》的出台更将国内旅游消费推向一个新的阶段。

国内旅游产业正面临因旅游消费的升级而带来的市场转型压力，国内文化消费市场正面临同样的背景。国际经验表明，消费结构随着经济发展而历经温饱阶段（1000 美元以下）、文化消费活跃阶段（1000—3000 美元）、文化消费大幅度攀升阶段（3000 美元以上）三个发展阶段，中国人均 GDP 分别于 2008 年和 2012 年突破 3000 美元和 6000 美元，2017 年突破 8800 美元，预示中国社会处在消费结构转换的拐点上，加快文化产业发展成为消费结构升级的客观要求，也正是这样的背景拉动了旅游产业与文化产业的融合发展。

3. 旅游产业与文化产业融合的支持力

依据国内整体社会经济结构提升和调整的情势，走过 30 多个年头的中国旅游产业和文化产业也面临从粗放型向集约型、品质型转变的要求。自 2008 年的全国旅游工作会议开始，旅游产业转型升级成为政府、产业、学界共同关注的焦点。旅游转型需要突破口，从国家层面的《中国旅游业“十二五”发展规划纲要》到区域层面和地方层面旅游发展规划，都赋予了文化以提升旅游品位和价值的重任。美国哈佛大学教授 JosephNye 认为，文化软实力成为 21 世纪国际竞争新的竞技场，中共“十七大”正式提出“提升国家软实力”的课题，文化关乎国家安全和民族存续。文化的政治社会功能的实现需要文化的软着陆，2009 年国务院发布的《文化产业振兴规划》将文化的社会功能嵌入产业中，以人民大众喜闻乐见的形态呈现，2009 年中宣部、文化部《关于深化国有文艺演出院团体制改革的若干意见》更是意在减少政策体制对文化产业活力的束缚。旅游本身是一种文化现象，也是当今世界最广泛、最大众的交流方式，成为展示文化、传播文化的重要载体。站在文化产业的角度，抓住了旅游就抓住了一个巨大的市场，也抓住了人民大众的灵魂，正是这样的背景支持了旅游产业与文化产业的融合发展。

4. 旅游产业与文化产业融合的阻力

在产业集群研究中，强调产业既是一个经济系统又是一个社会系统，产业作为一种经济行为被嵌入社会网络，产业行为也受限于社会上层建筑。在改革开放的中国，社会经济发展的历史也是不断突破体制束缚而释放产业活力的历史，在目前旅游转型升级的背景下，从国家层面的《国务院关于加快旅游发展的意见》《“十二五”旅游规划纲要》到地方层面有关推动旅游发展的相关文件，再到学界对旅游体制创新的关注，都体现出旅游资源多头管理、旅游监管职能分散、统筹职能归属不明、计划体制色彩浓厚等顶层设计缺陷对旅游产业资源组织的束缚。

文化涉及意识形态、民族凝聚力、公共服务、民族传承等“宏大”职能，文化企事业管理的指令性、文化的分类和分业管制、文化经营国有企业的垄断性、文化保护与文化开发之间的矛盾等都为文化产业活力的释放带来一定的负面影响。《中共中央、国务院关于深化文化体制改革的若干意见》《关于深化国有文艺演出院团体制改革的若干意见》《中央关于深化文化体制改革若干重大问题的决定》等制度的出台，体现出文化的国家管制松动的趋势，也客观上反映了文化顶层制度对文化产业创新的束缚。正是以上种种，在一定程度上阻碍了旅游产业与文化产业融合发展的进程。

旅游产业与文化产业融合发展，不管是其推力、拉力、支持力还是其阻力，共同构成了其融合发展的动力系统。为了更好地发挥其动力系统的功能，旅游产业与文化产业在融合发展进程中，应充分发挥其推力、拉力及支持力之功效，减少或突破其阻力之障碍，从而更好地促进旅游产业与文化产业融合发展的进程。

三、旅游产业与文化产业融合的驱动因素分析

旅游产业与文化产业的融合是其产业系统内部和外部两个方面的动力因子共同发生作用的结果。从系统工程理论的视角分析，促进旅游产业和文化产业有机融合的关键因素不仅包括旅游产业的开发、文化产业的发展等方面，还包括对旅游文化产业产生影响的其他方面，如国民经济水平、人口发展状况、人们对旅游文化活动的需求以及政府对旅游文化产业的支持作用等。其中，内部主体企业、旅游者和外部主体政府、中介机构和市场在驱动因子中扮演着核心和纽带作用。这两方面的动力主体共同发生作用，使旅游产业和文化产业的产业结构不断合理化和高级化，从而推动两大产业的发展与进步，最终实现两者的融合。

（一）企业行为的驱动

钱德勒曾提出，现代工商企业在协调经济活动和分配资源方面已取代了亚当·斯密的所谓“市场力量的无形的手”的观点，沿袭钱德勒的理论思路，旅游企业和文化企业的行为取向将对旅游和文化产业的形成和发展产生驱使力。正如钱德勒认为的那样，技术、市场和交通通信的发展是企业规模扩张并演变为现代工商企业的外生因素。传统的旅游产业已发展成熟，行业竞争激烈，其产品市场开始趋于饱和，产品利润也趋于稳定或开始下降，企业有创新转型的强烈愿望，产业不断演进发展。因此，一方面，优质的旅游企业可选择文化要素供应商，提供创新型的旅游文化产品，通过多元化经营在竞争中胜出；另一方面，企业对利润的追求是推动产业进步的有力杠杆。旅游产业与文化产业融合后形成的新兴产业——旅游文化产业，因其高附加值和丰厚的盈利空间，吸引旅游企业快速进入旅游文化市场，进一步促进旅游文化产业的不断整合和成长。

（二）旅游者需求的驱动

Reisinger 认为，文化旅游是指那些对体验文化经历有特殊兴趣的游客发生的旅游行为，游客需求的变化必将引起处于产业链另一端的供给要素的变化。随着人们生活水平的提高，旅游中的参与性和娱乐性成为旅客关注的诉

求点，旅游偏好更倾向于精神消费更高层次的娱乐，如欣赏音乐和民族舞蹈等文艺演出，参观当地历史文化博物馆、文物艺术品展览、民族特色风情展览等，这使得娱乐在旅游消费结构中的比例不断增加。另外，人们的旅游需求消费也在逐渐走向理性，注重文化精神体验与求异，逐渐减少传统的观光旅游，转而青睐主题游、深度游和度假游等。旅游需求结构和内容的变化促使人们对旅游文化产生市场需求，这就吸引了投资商、企业和中介组织等开始主动进入旅游文化开发点，并出于各自的利益，它们相互制约又协同发展，促使旅游文化目的地的形成和完善，成为旅游文化产业的供给者。而旅游文化产业的客户正是这些旅游偏好发生变化的新型旅游者，旅游文化需求的变化对于旅游产业的转型及与文化产业相融合起到了关键作用。

（三）政府引导的驱动

政府虽然属于外部动力因素范畴，但它对旅游产业和文化产业融合发展中的每个环节都会产生重要影响。其驱动作用体现在以下几个方面：其一，政府为旅游产业和文化产业的有机融合运作搭建平台。文化产业的开发和旅游产业的升级都需要良好的基础设施与之相配套。基础设施投资具有额度大、直接经济效益不明显、回收周期长等特点，这决定了政府在先期基础设施建设配套项目投资中的主导地位。其二，政府对旅游产业、文化产业具有政策导向和协调规划作用。旅游文化产业对区域经济具有产业结构升级、拉动经济增长等放大效应，这促使政府通过有力的政策工具保证其健康发展。如通过制定相关法律法规，对旅游文化产品的知识产权进行保护；出台相关的产业发展政策，加大财政投入，保证产业稳定增长等。其三，政府的投资决策和发展规划会吸引投资商对经济效益明显的文化旅游产品场馆建设、项目开发以及餐饮、住宿、商场等服务设施进行投资。随着这种投资规划集聚效应的产生，可以吸引更多的人才、资金和技术的入驻，从而进一步推动文化旅游产业的发展。

（四）中介机构发展的驱动

产业的发展除了核心企业的作用，还需要大量与文化旅游产业有关联的中介机构的支持。在这里将行业协会组织、学校等人才培养机构、学术研究机构、高质量的营销团队、文化或文物保护部门等都归为中介机构的范畴。

这些机构虽然不是旅游文化核心产品生产的直接支持者，但为产业的整体发展包括人才的吸引和成长、产品的推介和促销等，提供了良好的环境和氛围，它们的完善与成熟也是影响旅游文化景区发展的重要因素。旅游和文化产业与传统的旅游业相比，其比较优势更多地建立在文化内涵和文化品质上，能够吸引旅游者的基本因素就是文化差异和文化特色带来的驱动力，而中介机构中的文化工作者就是这些差异形成的来源。如行业协会组织中的民间文化艺术团体、民族舞蹈艺术团体等文化传播者不断地将这些文化要素与原有的静态旅游要素相结合，创造出旅游文化产品，提供旅游文化服务，推动产业的发展。它们的不断发展为旅游产业与文化产业的融合创造了机会。

（五）市场机制的驱动

在旅游产业与文化产业的融合运作中，市场机制是主要的传导机制。通过市场对文化旅游产品的需求，按照价格机制、资源配置调节空间格局，在一定区域内形成和发展小规模旅游文化点，进而发展成文化旅游目的地，这是一个产品和市场不断适应、不断调整和不断完善的过程。文化旅游目的地的形成是经市场需求的推动而向前演进的。旅游产业与文化产业的融合刚刚起步时，在市场机制所产生的集聚效应的影响下，与旅游文化业相关的食、住、行、购、娱等产业不断向旅游文化资源所在地集中，并开始吸引能满足这些产业发展需要的资金、技术、人力资源等要素向区域内集聚，从而形成旅游文化景区。旅游文化景区一旦形成，就会产生自我增强机制，并不断吸引旅游者来此观光，从而引发产品和服务需求的不断扩大和提高，形成产品和服务消费市场。从这一过程可以看到，在市场推动力的作用下，旅游产业与文化产业通过突破产业自身所形成的条块分割，降低交易成本，形成持续的竞争优势。

第二节 旅游产业与文化产业融合发展的动力

一、旅游产业与文化产业融合发展的内在动力

旅游产业与文化产业融合发展的内在动力由旅游需求的多变性、旅游资源观的转变以及旅游企业间的竞争与合作三大要素构成。

（一）旅游需求的多变性

当前，随着生产力、经济水平和人民生活水平的不断提高，旅游者的旅游需求也在变化。旅游需求的满足不仅包括从消费中获取物质需要的满足，更重要的是从中获取心理和精神层面的满足。总体而言，旅游消费需求的多变性源于旅游市场的不断成熟、旅游者对旅游体验广度和深度的不断追求、新的旅游消费特征以及信息共享的时代特征。

我国的旅游产业刚过而立之年，旅游产品开始逐渐分层发展。突出的表现就是旅游者对一些高端旅游产品的消费。携程网推出的“鸿鹄逸游”系列产品的成功，是旅游企业开始拓展小众市场、高端市场的一大标志。对比国内“黄金周出游爆棚”的大众游，小众市场的发展表明旅游市场开始出现分层，旅游产品结构开始有了消费额的高、中、低档之分，这标志着我国旅游市场开始走向成熟。旅游需求具有个性化属性，具有小批量、多品种、非标准等特点。成熟的旅游者对旅游体验的个性化和体验深度要求更高，驱使旅游企业为了争取更多的旅游者、抢占更大的市场份额而进行创意、技术等方面的改革，将旅游产业内的要素进行优化整合，引入文化产业要素，从而引起旅游产业与文化产业融合发展，使得旅游产业的结构也因此而改变，从而满足旅游者日益增长的需求。

旅游产业与文化产业的融合发展，不仅要关注旅游需求的多变性，还要明确旅游需求最明显的三大变化：其一是越来越多的人追求在生态环境良好的地区完成自己的旅游生活，生态环境成为旅游者追求的核心目标；其二是

越来越多的人追求情感氛围更重的旅游环境，通过旅游来促进亲情、爱情、友情，来促进人际交往过程中的情感传递；其三是越来越多的人追求文化浓郁的旅游目的地，在求知欲望的驱动下，丰富自己的人生经历，感悟人类文明。在这三大旅游需求变化中，游客对文化的渴慕是旅游需求三点变化中最突出的变化，也是推动旅游产业与文化产业融合发展的内在驱动力。

归纳以上三大变化可以具体地描述需求变化中的主要特点，大致有5点：第一是个性化，有个性化才有多样化，在旅游市场上既有趋同的倾向，又有个性化强烈发展的倾向；第二是休闲化，人们更希望从快游到慢游，在闲散自由中完成自己的旅游生活；第三是体验化，什么事情都希望经历一下，什么事情都希望体验一下，通过体验（特别是通过深度体验）强化自己对自然与人文的感悟；第四是健康化，旅游本身是一种文明健康的行为，在文明健康中完成旅游，在旅游中促进文明健康；第五是自主性，自主性又可以称为自助性，处处表现为“我能”“我行”，通过自我完成旅游的全过程。这是当今旅游市场需求的五大特点，而且发展得越来越深入。对旅游产业与文化产业融合发展而言，不仅要关注旅游市场需求的变化，还需适应旅游市场需求变化的主要特点，开发出更好的旅游文化产品，这是每一个旅游文化管理部门和每一个旅游文化企业都必须关注的焦点。

（二）旅游资源观的转变

旅游产品的创造依赖于不同形式的资源，传统理论中将旅游资源分为自然风光旅游资源、传统人文旅游资源和社会经济旅游资源。无论是自然的、历史遗留的，还是现今创造的，对旅游者具有一定吸引力的人工创造物都具有成为旅游资源的价值。但随着社会的发展，人类物质生活丰富到一定程度时，欲望的追求便逐渐转移到精神生活层面。因此知识经济、体验经济、符号经济等众多以满足人类精神需求的经济主题的提出，是对人类社会发展阶段的一种概括。

也有学者指出，资源是否能够成为旅游资源，其核心点在于能否对游客产生吸引力。只要能够产生吸引力，无论其是有形资源还是无形资源，是物质的还是精神的，甚至只是追逐精神享受的一个过程，均可称之为旅游资源。这样的概括从表面上看略显宏观笼统，但时代潮流的发展对于旅游产品的需求确实已经达到了这个层面。个性化、多元化、人本化、体验化是当今旅游产品应该体现并满足旅游者的特点。只要是健康的、符合社会伦理的资源，都可以称之为旅游资源，这也是旅游产业同其他各产业，特别是文化产业关联度极强的原因。

因此，旅游资源观的转变，使得原有的单一的自然风光与人文古迹等旅游资源所形成的旅游产品已经不能满足旅游者的体验需求。现今的旅游产品，体验性必须是放在第一位考虑的要素。体验即是对异域文化的体验，自古到今人类所创造的物质的精神的一切均称为文化。所以旅游资源观的转变是旅游产业与文化产业融合发展的内在动力。旅游资源观的转变使旅游者认识到旅游产业融合对旅游资源的丰富所起到的作用，这种观念的发展也促使旅游产业对于旅游产品的开发更具有深度，对旅游产品范围的延展更具广度。

随着旅游资源观的转变，旅游产业与文化产业融合发展期间，旅游文化资源的开发方式也需要随之转变，具体体现在以下三个方面。

1. 由粗放型向精细化转变

粗放型文化旅游资源的开发方式本质上是一条低层次、重复性的数量扩张的发展道路，造成旅游文化资源的严重破坏和旅游文化生态环境的不断恶化。这种开发方式有如下不足。一是低水平。有的省份旅游业缺乏总体规划，造成旅游文化资源开发存在特色定位不明、景区功能不清、资源开发失控、设施建设失衡等问题；有的省份对旅游文化资源的开发缺乏对民族、地域等文化的深入挖掘，不少区域的人造旅游文化景观粗制滥造、杂乱无章。例如四川的平武白马藏寨景区，山门左侧建了一座高高耸立的长颈鹿塑像，右边是一个现代化加油站，这二者与整个景观的气氛极不协调，与白马人的文化生态环境格格不入。二是破坏性。不少旅游文化区的政府和企业为了本地区和集体的利益，不顾旅游文化环境的实际承载能力，采取掠夺式的开发经营方式，以获取局部、短期的利益；也有把旅游文化风景区当作野外游乐场和“吃喝玩乐综合体”进行开发，结果造成风景自然度、美感度和灵感度的下降，原貌严重受损，使那些传世数千年的旅游文化风景区遭到破坏；有的景点所建的高层建筑、宾馆、发廊、桑拿等设施，往往与风景格调不和谐，破坏了景区的文化氛围。三是重复性。以四川九寨沟、黄龙旅游线上的汶川、茂县、松潘、红原、理县等6县为例，在旅游文化资源开发上存在着随意开发、重复建设的问题。九黄线上的自然景区，无论是叠溪——松坪沟、大录神仙池，还是卡龙、牟尼沟等景区，如果单就某一个具体景区而言，都可以说美不胜收，但由于这些景区在地质地貌、海拔气候、自然风光、动植物资源方面与九寨沟、黄龙基本类似，属于同质性文化旅游资源，这些景区（点）既不及九寨沟、黄龙那样精美、典型和知名，又与九寨沟、黄龙相距不远，重复开发这些景区（点）的结果是分流客源，分割市场，加剧竞争，浪费投资。

国内旅游文化资源开发方式要吸取粗放型开发的教训，实现由粗放型向精细化的转变。这需要从以下三个方面进行努力。一要打造精品。认真贯彻国家旅游局关于培育旅游支柱产业的决定，重视和加强以品牌为主的旅游文化资源开发进程，树立大旅游观念，努力使旅游文化资源开发向规模化、精品化方向迈进，培育旅游文化龙头景区和拳头产品。二要丰富内涵。在不增加或基本不增加景点和景区外延的情况下，以艺术、文学、民俗、建筑、宗教、政治等文化因素为内涵，对原有人文景观和自然景观进行再开发，这既是旅游资源文化内涵深层次挖掘的过程，也是旅游产品的更新过程和层加过程，从而提升旅游文化景区的知名度和美誉度。三是关注细节。细节决定成败。国内一些景区（点）给外地游客留下不好的印象，并不是景区文化旅游资源不吸引人，而是人性化考虑不够，对细节关注不够，引起了游客反感，从而破坏了旅游文化景区的形象。为此，要按照旅游星级厕所标准新建和改造好景区（点）厕所，解决好景区（点）厕所的水源和排污问题；要建好景区（点）游道、桥亭和休息凳椅，让游客既能安全游览观光，又能适时休息调整；要完善旅游标志和警示标牌，提示游客遵守相关规定，方便游客游览；要建设无障碍通道和各种紧急救援机制，方便残疾人旅游，妥善处理各种突发事件。通过以上措施，真正把国内旅游文化区建成文明安全旅游区。

2. 由单点式向系统化转变

国内旅游资源开发起步较晚，各地区普遍缺乏科学合理、协调发展的规划指导，在旅游文化资源开发上存在随意开发、遍地开花的问题。有的区域只从自己狭小的市场半径认识自身的资源优势，只要属于旅游文化资源就竞相开发，这种同类资源的单点式分散开发，既无鲜明特色，又无规模效益，既浪费了资金，又破坏了资源，既分流了客源，又分割了市场，造成景区竞争加剧，使得游客无所适从。

故而，文化旅游资源开发方式要吸取单点式开发的教训，走出单点式开发的误区，实现由单点式向系统化转变。这需要从以下三个方面来努力。

一要统筹规划。各省区市要做好本行政区各自的旅游文化发展规划，突破行政区划的界限，并制定旅游资源区和旅游经济带（线）总体旅游规划，对旅游文化资源具有同质性、旅游经济具有关联性的相邻空间范围内的旅游景区（点）在开发上的轻重缓急、旅游服务设施的空间布局、旅游行业的协调管理、旅游文化产品的联合促销等内容进行合理部署、有序安排，以避免单点式开发导致低水平重复建设和资源破坏、资金浪费，实现资源整合，从而发挥资金的最大效用。

二要联动互补开发。联动互补开发模式是利用中心景点的较高知名度进行文化旅游资源的滚动式开发，形成聚集规模经济的文化旅游资源开发利用模式。中心景点之所以在众多的旅游吸引物中处于中心地位，在于其同时具备资源的稀缺性、垄断性和市场号召力，中心景点既可以是旅游文化资源、旅游文化产品开发的“龙头产品”，也可以是景区开发的“中心产品”，其中最主要的原因在于中心景点享有较高的知名度，能够产生较强的品牌效应。联动互补开发模式的实现，能够充分利用中心景点的品牌效应，以无形资产辐射带动有形资产的互补式聚集，起到以热点促冷点的效果，提高旅游文化资源的使用效率，形成区位规模经济。当然，联动互补性开发切忌近距离重复建设和小范围项目雷同，切忌不顾环境容量的超负荷开发，为避免联动互补开发模式下的过度聚集现象，地方政府必须依法运用行政、经济和法律手段对聚集规模和聚集结构进行控制和调整。

三要合理配置文化旅游资源要素。旅游是吃、住、行、游、购、娱六大要素的统一体，发达国家国内旅游收入中“吃、住、行”与“游、购、娱”基本上各占一半，而国内旅游业仍以“吃、住、行”为主，“游、购、娱”的比重较低。所以在文化旅游资源开发中要克服就景区说景区的单向思维，认真研究六要素的合理配置和有效组合。要加快旅游交通路网建设，尽快改善通往景区的支线公路，重视和加强信息传输方面的基础设施建设，切实解决景区的可进入性问题；要重视和加强对旅游文化商品的开发、生产和销售，组织专门力量去设计和开发有民族特色、地域特色和时代特色的旅游文化商品，精化工艺，改进包装，提高旅游文化商品的附加值和竞争力；要加快景区宾馆、游乐等配套设施建设，打造具有地方特色的精品文化演出，挖掘区域美食文化，让游客乐在景区。

3. 由简单化向生态化转变

国内文化旅游资源开发在不同程度上存在简单化现象，不少区域缺乏文化旅游规划，打着“边开发边规范”的旗号，实则进行破坏性开发；有的景区在开发过程中，不重视人文内涵的保护，致使随着景区的开发，当地原有的民族文化被迅速破坏；有的省份在开发过程中乱砍滥伐，致使景区森林采伐过度，景区水位明显下降，生态环境发生变化。上述现象近年来虽有所改观，但并未完全杜绝。

为此，国内文化旅游资源的开发要吸取过去曾经走过的简单化开发路子，实现由简单化向生态化开发方式的转变。笔者认为需要从以下四个方面努力。

一要严格保护。生态环境学有关环境容量的理论研究已经表明，一个旅游地区（点）游人的增加或超量进入，必然导致旅游服务设施超载，废弃物、污染物以及对旅游区（点）生物种群干扰现象的增加，造成生态文化环境质量的下降乃至恶化。旅游区（点）的旅游文化资源会受到破坏，造成吸引力锐减，并逐渐衰亡。所以，生态旅游开发过程中，必须采取有效措施减轻旅游地的生态环境压力，达到将游人分流的目的，以维护旅游地的生态平衡。

二要科学开发。国内文化旅游资源开发必须坚持生态旅游文化资源科学开发的原则和思路，做好总体规划与区域规划。其中的重要环节是在规划阶段对各项建设项目的环境影响进行客观评价，既要考虑文化旅游资源开发建设、合理布局设施和维护生态平衡等，又要紧密结合区域所在的重点发展目标、相关行业配套，减少在实施项目中的盲目性、局限性以及不必要的损失，求得科学与协调发展。

三要可持续发展。为了保证生态文化的可持续发展，国内文化旅游资源开发必须坚持可持续发展的原则和思路，对景区进行功能分区，坚决执行“区内游、区外住”的布局原则，以达到有效控制和减轻污染的目的。缓冲区和核心区内不能修建任何餐饮及住宿设施，以减少对生态文化旅游区的污染和破坏。要加强旅游区（点）及周边生态文化环境建设，如加速实施绿化工程，提高植被覆盖率；要抓好天然林保护工程和退耕还林（草）工程，建立绿色天然屏障，从而改善生态文化大环境，实现生态良性循环。

四要生态与人文并举。我国旅游文化资源开发必须坚持人文与自然有机结合。我国不少区域文化旅游资源得天独厚，经济发展却相对落后，开发文化旅游资源，发展旅游经济是这些区域变比较优势为竞争优势、变资源优势为经济优势的现实途径。就国内生态文化旅游资源来说，体现于自然层面的地域特点和体现于人文层面的民族文化特点息息相关，并存在结构性的内在联系。自然负载了人文，人文渗透于自然，并经自然而得以体现，二者相互依存，相得益彰，共同营造出我国的生态旅游文化资源不同于国外的一种特有氛围。因此，既要提倡大力开发文化旅游资源，积极发展旅游业，在发展中提高发展质量，又要强调在资源开发中，坚持保护与开发并重，转变旅游文化资源开发方式，合理开发，优化利用。

对多数文化旅游资源富集且具备发展条件的地区，应通过积极开发文化旅游资源促进其保护工作；对少数生态环境脆弱、敏感的地区，实行封闭式的保护管理。切实做到有能力开发的就要很好地开发，暂时没有能力开发的，要很好地保护起来，等待后人去开发。那种绝对的保护、所谓纯自然主义的方式，既不利于环境与资源的保护，也不利于旅游业的发展。所以，我国文化旅游资源开发与保护应该和谐地结合为一个整体指导思想和行动方案，以发展为前导，以保护为支撑，既使当代人脱贫致富又把青山、绿水、蓝天留给子孙后代，这才是真正的、完整意义上的文化旅游的可持续发展。

文化旅游资源开发通过由粗放型向精细化转变、由单点式向系统化转变及由简单化向生态化转变这三条途径，不仅实现了旅游资源观的改变，也促成了旅游产业与文化产业的进一步融合。

（三）旅游企业间的竞争与合作

旅游产业与文化产业的融合，从系统论来说，起主导作用的还是旅游文化企业的竞争与合作行为。这里的“旅游文化企业”是整个旅游经济产业系统内的要素，涵盖旅游活动基本要素的各个行业。旅游文化企业的本能是追求最大化的效益，而最大化的效益则来自旅游者最大化的满意度。为此，旅游文化企业必须不断地探索技术的创新和新产品的开发，不断谋求发展与壮大，不断思考如何更好地满足游客的需要，不断在变化的环境中谋求持续的竞争优势。旅游文化企业面对的环境日趋复杂，而旅游文化企业自身的经营行为又使其环境更加复杂。旅游产业融合就是这些竞争中的企业互动发展的结果，它们改变了传统的竞争和行业观念，“竞合”和“跨界”的思想应运而生，形成了相互渗透、相互融合的关系。旅游文化企业所有的行为都源自旅游者的需求，所以说，消费者旅游需求的提高是旅游产业与文化产业融合的根本原因，如果没有企业为这些新需求所做的努力，两大产业的深度融合也就无从谈起，因此，旅游文化企业的竞争与合作行为是旅游产业与文化产业融合的主导力量。

旅游文化企业作为旅游产业与文化产业融合的主体，对经济利益的追求是驱使其进行融合的重要动因。文化产业要素的注入提升了旅游资源的品位和内涵，扩大了旅游产品的数量和种类，增加了旅游收入并促进了旅游业的发展；旅游产业与文化产业的融合，使旅游成为文化产业发展的载体，同时，旅游产业的介入也扩大了文化产业的市场空间。

为了促进我国旅游企业之间的竞争与合作，需要努力做到以下四点。

1. 进行游客细分

提供差异化的旅游品牌和服务标准。不同群体的游客对于服务的需求是不同的，因此，为了根据这些差异化的需求提供不同的旅游服务，旅游文化企业有必要进一步对旅游者进行细分，为旅游者提供差异化的服务业务。市场细分是进行差异化竞争、提升竞争力、进行业务创新的前提，而不同实力的旅游文化企业通过细分市场，既可以帮助弱势群体充分享受旅游文化产品的体验价值和文化价值，从而使旅游文化企业形成局部竞争力，又可以帮助强势群体充分感受到领先的旅游文化产品，使旅游文化企业进一步提升并维持其竞争力。

同时，在服务上，各旅游文化企业也应该针对不同客户群体的不同消费能力和消费行为设定不同的服务标准，根据市场定位及差异化进行产品定制。旅游文化企业可以推出针对性的品牌，重视品牌建设。在旅游者日益成熟，需求日趋多样化、差异化的今天，具有个性、针对特殊消费群体的旅游业务品牌更能获取这一群体的信赖和品牌忠诚。以市场为导向制定品牌战略，一方面将有利于贴近不同旅游者群体的需求重点，刺激旅游者消费，提升品牌忠诚度；另一方面也有利于根据不同目标市场的异质化需求进行旅游文化产品开发。

2. 加强沟通，建立分层次的合作伙伴体系

旅游文化企业与合作伙伴应当建立不同层面和深度的伙伴结构：对于核心“战略型”伙伴应该稳定双方关系，深化合作，共同做好市场营销和服务；对于“潜力型”伙伴，则以扶持和引导为主，并注意对其加以控制；对于“现实型”伙伴，要充分发挥其当前具备的核心能力（如销售能力、品牌号召力等）的价值，但是鉴于其业态的不稳定性等原因可不作长期投入，并应逐渐减少依赖；而对于“边缘型”的合作伙伴，只要符合既定游戏规则，则多多益善，

但是基本不作投入和培养，并加强规范和管理。此外，旅游文化企业要遵循一定的生存法则，要服从行业监管者的管理。因为生态系统必然是有法则的，这个法则是所有生态系统成员都必须遵守的，至少在能影响或改变它前必须遵守。

3. 以融合创新为主导，扩大旅游文化市场

众所周知，随着市场竞争的深入，融合创新竞争逐渐取代“价格竞争”，成为旅游产业的新趋势。在这一阶段，如何扎扎实实做经营，如何以游客的需求为导向推动旅游产业与文化产业的融合创新、运营和管理，成为旅游文化企业必须思考和面对的主要问题。与此同时，由于市场竞争主体的增加，旅游者选择多样性的增加，旅游竞争还将在品牌、个性化服务等层面展开。因此，要从根本上解决目前旅游的恶性竞争问题，增强旅游企业的融合创新能力，以创新和个性化的旅游文化产品提升自身竞争力，是融合创新的基本前提。只有遵循市场细分和游客需求导向，在个性化的旅游产业与文化产业融合创新上下功夫，旅游竞争才有可能逐步走出当前的困境。

4. 确定最佳商业模式，建立“共赢”分配体系

依据价值链理论，旅游产业与文化产业融合发展的正常运转必须满足三个制度特性，即完整性、公平性和均衡性。只有利益相关者都能获得公平合理的地位，才能激活利益相关者的积极性，从而使其融合发展效益最大化，各个旅游文化企业也会共同努力去获得其应有的竞争优势。这是旅游文化企业能否健康发展和取胜的关键。在它们融合发展过程中，不同的利益相关者应该具有不同的利润分配方式，使不同的旅游文化产品供应商和旅游分销商都能均衡地获取利益，这样才能保证旅游产业与文化产业的均衡发展。如何使各个利益相关者都能在各自的业务发展中获利，是旅游文化企业要解决的首要问题，为此，需要打造一个共赢的利益共同体，设计出相应的“共赢”分配体系，从而为确定最佳的商业模式夯实基础条件。

二、旅游产业与文化产业融合发展的外在动力

（一）市场需求的增强

产生旅游动机的两大要素是时间和金钱。旅游是社会发展到一定阶段才出现的产物。随着社会的发展和工业化的进步，人们的闲暇时间日益增多，

工业社会给人们带来的财富也为旅游的出行提供了经济支持。当国家经济发展到一定程度时，随着社会生产力的增强和科学技术的进步，人们逐步从繁杂的工作中解放出来，使得闲暇时间日益增多，加之人们对于精神生活的不断追求，旅游动机在这样的背景下便油然而生。

对于旅游市场需求增强的理解，应该从旅游者出游动机增强和旅游者对旅游活动内容以及由此获得体验需要的增强等几方面入手。随着经济的增长，闲暇与经济状况允许的条件下产生旅游动机的概率不断增强。与此同时，人们生活观念的改变，对于传统旅游的内容要求自然也会相应提高。走马观花式的观光旅游已经满足不了人们释放日常工作压力的需要，而是需要一种别样的精神体验和角色互换，实现在现实生活中无法得到的精神享受与追求。

人们对于旅游内容个性化、多元化、体验化的追求促使旅游产品开发必须不断创新，从而满足更加多元化甚至异样化的旅游需求，促使与旅游相关的文化资源一改往日的文化表达形式，被赋予普遍价值观，进行二次创造，以迎合市场的高层次需求。因此，旅游需求量的增加和质量的提高对旅游产业和文化产业的融合发展起到了根本的外在推动作用，促使旅游产业与文化产业融合，不断生产出新的旅游文化产品。

（二）文化体制的革新

凌金铸（2013）提出，计划经济时期文化体制的特点是，政府就像一个超级文化大公司，控制着资源并依靠行政权力和强制力手段，通过文化行政机构和文化事业、企业单位的组织体系，对文化生产和消费进行统一的计划、组织、指挥、协调和监督。

我国在改革开放之前不存在“旅游业”和“文化产业”这两个名词，文化以文化事业称谓，旅游则以外事接待为主，二者均无明显的经济意义。文化作为传播民族思想、弘扬传统经典的有效方式受制于体制的束缚，一切文化生产和消费都有计划、有组织地进行。随着改革开放的发展，政治经济体制的改革不断深入，市场不断开放，其文化改革才慢慢显现。

当前，对于我国文化体制改革进行理论分期的研究成果很多，大体上有“两分法”和“三分法”之争。“两分法”以傅才武先生为代表，将文化体制改革分为探索与试验阶段（1979—2005）、深化和拓展阶段（2005 年 12 月以后至今）。傅才武先生是武汉大学国家文化创新研究中心主任、中国传统文化研究中心教授、博士生导师。傅才武先生注重观察计划体制的结构模型向市场体制的结构模型的转变、组织形态的转型，是典型的学院派研究。“三分法”以韩永进先生为代表，将文化体制改革分为探索阶段（1978—1992）、推进阶段（1992—2002）、深化阶段（2002—2012）。韩永进先生曾任我国文化部政策法规司司长，长期担任文化体制改革领导小组办公室主任，可以说是我国文化体制改革全部过程的亲历者。“三分法”侧重研究中央层面文化管理、文化经济政策的变化，同时关注我国经济结构的市场化进程，可以将其归为实践派研究。由于研究的需要，本书更倾向于“三分法”。在三段分期的框架下，本书将2009—2012年这一阶段作为体制机制上啃硬骨头的攻坚阶段，同时，将2012年至今这一阶段补齐，把党的十八大以后文化体制改革的发展变化作为党中央推动全面深化改革的重要方面进行梳理，形成文化体制改革的完整链条。

综上所述，我们可以按五个阶段梳理我国文化体制改革的历程，即文化市场化萌芽阶段（1978—1992）、文化产业化起步阶段（1992—2002）、文化体制改革试点阶段（2002—2009）、文化体制改革攻坚阶段（2009—2012）、文化体制改革全面深化阶段（2012年至今）。

政府文化体制的改革使得产业间的进入壁垒降低，产业的生产范围不断扩大，由此产业间的渗透、交叉和融合成为可能，产业结构趋于优化。而旅游产业与文化产业融合发展，源于文化体制改革的攻坚阶段及文化体制改革全面深化阶段。也正是基于文化体制的改革，才出现了旅游产业与文化产业的融合发展。这种改革也是两大产业融合的重要外部动力，它促使旅游产业与文化产业融合发展拥有了更广阔的发展空间，也有利于我国传统文化精髓的传承与弘扬。

（三）技术的创新

旅游产业融合的本质在于创新，而旅游创新必须以一定的技术手段为依托。当前，信息技术的发展和创新已成为旅游产业融合的直接推动力，由此引发的信息化成为旅游业融合发展的引擎。

旅游信息化是当前旅游业融合发展的重要特征。在旅游资源整合、设施建设、项目开发、市场开拓、企业管理、营销模式、咨询服务等领域已经广泛应用了现代信息技术，从而引发了旅游发展战略、经营理念和产业格局的变革，带来了产业体制创新、经营管理创新和产品市场创新，改变了旅游产业融合发展的方式，加快了融合发展的深度、广度和速度。如积极将网络信息技术、动漫制作技术等引进旅游业，可以创新旅游宣传、营销方式，加快旅游电子商务的应用，催生如旅游动漫等新兴产业的崛起。

鉴于以上分析，技术的创新与进步对旅游产业与文化产业融合发展机理的作用主要体现在以下几个方面。

1. 旅游技术构成是旅游产业与文化产业融合发展的基础

技术结构是指一定时期内总体技术体系中各种水平、等级和不同形态技术所占比重及相互关系（交叉性的、综合性的），即使彼此分割的技术也会结合起来组成一个技术“家族”，单项技术进步可能为其他技术进步奠定基础，形成“技术进步群”。旅游技术结构是指服务于旅游各行业、各领域、各环节、各区域、各企业的各类旅游科技资源、技术构成、技术组合、技术配置、技术引进、技术改造和技术嫁接的总和。旅游产业与文化产业融合发展无论是质还是量，都离不开技术创新与进步的因素。

20 世纪后期是旅游产业与文化产业融合发展成长的形成期、资源优势取胜期，即旅游目的地凭借丰富的自然资源占领旅游市场；21 世纪以来，随着旅游产业与文化产业融合发展步入成长期，旅游企业的不断增加以及消费需求的变化，促使旅游竞争加剧，旅游自然资源的开发不再是旅游目的地的比较优势，拥有技术创新的文化创意旅游以及旅游文化产品的开发创新，不但满足了游客的感官需求，还充实了其精神需求，因此，技术结构逐渐成为旅游开发的筹码。

2. 技术进步是旅游产业与文化产业融合发展的基础和动力

技术进步通过渗透与辐射机理来促进旅游产业与文化产业融合发展的成长，它渗透与辐射到旅游产业和文化产业的劳动资料、劳动对象、劳动力等生产要素并使之发生变化。技术进步提高了旅游产业与文化产业生产要素的质量，以期优化旅游文化资源的配置方式与比例，促使旅游文化产业成长、成熟。旅游文化产业属于服务业，涵盖“吃、住、行、游、购、娱”的旧六要素以及“商、养、学、闲、情、奇”的新六要素，技术创新渗透与辐射到旅游文化产业，通过劳动资料与劳动力来体现，即旅游文化产业生产力的每一个要素在很大程度上是物化的科学技术。旅游产业与文化产业生产力要素的变化，正是旅游产业与文化产业生产宏观比例即结构变化的重要基础。大量事实证明，哪个产业的技术创新活力越强，对创新成果的吸收和融合能力越强，创新成果的商业化、产业化速度就越快，适应市场需求能力就越强。当这个产业所受的技术影响力越大，那么其将进入快速增长时期和规模报酬递增阶段。为使旅游产业与文化产业融合发展注入新的活力，就要不断引用技术创新，并使之商业化。

3. 技术关联是旅游产业与文化产业融合发展的核心要素

技术关联在旅游产业与文化产业融合发展中担任“血液”重任。技术关联表现为内在旅游文化产业产品链的供求关系，外在旅游文化企业价值链的延伸。而旅游产业与文化产业的关联不仅是社会关系的关联，还包括技术关联。

从价值形式的发展和货币的演化史我们可以知道，随着生产力技术的发展，交换从简单的或偶然的价值形式发展到一般等价物，这从侧面说明了旅游文化部门增多，社会生产规模扩大，产业融合就越来越复杂。部门之间一对一的关系日趋减弱，但旅游产业、文化产业、部门间的相互依赖性没有减弱，它们之间依然存在必然的内在联系，使得旅游产业部门与文化产业部门在产品的供求上相互制约与相互促进。赫希曼基准和里昂惕夫投入产出表就说明决定旅游产业与文化产业关联的是技术联系，不同部门之间发生联系的内在因素是技术，脱离技术水平的旅游产业与文化产业融合结构是一种畸形的产业结构，是一种缺少内在联系、不能良性循环的结构。旅游文化企业通过技术创新形成价值网络，依次向前、向后、向旁联系产业，传递与扩散技术，技术不断进步，旅游产业与文化产业就不断融合。

4. 技术的生命周期决定旅游产业与文化产业融合发展的生命周期

技术进步是一个逐步积累的过程，根据技术生命周期理论，一项技术从构思、孕育、产生、发展、衰亡到被淘汰为止的全过程，叫作技术的生命周期。因此，旅游产业与文化产业在不同时期对技术进步有不同的需求，例如在旅游产业与文化产业融合发展的初期阶段，技术日益标准化，侧重于过程创新，技术的引进与开发要求较高；在中后期阶段，注重渐进式创新，旅游文化产品朝多样化发展，产业融合进入高峰期，要求旅游文化产品开发不断创新、不断差异化。

（四）其他产业的发展

目前，随着国家经济的发展和社会的不断进步，我国正处于经济转型发展时期，产业发展面临着诸多压力。其他产业与旅游产业融合，一方面是基于产业自身长期发展过程中累积的废弃资源的再利用，以增加产值，提升效益，另一方面，是谋求产业更广阔的发展空间和发展方向。其他产业基于自身发展需要而主动与旅游产业进行要素的交流、整合，从而导致融合的产生。一些传统产业基于自身发展的需要，开始与旅游业联姻，实现了本产业的资源再利用，提升了本产业的附加值，使得产业链得以延长，本产业的功能置换和创新得以实现。传统产业因为机器设备的老旧与废弃、产能过剩等情况，需要刺激新需求，开拓新市场，开发新产品，培育新业态。旅游业为其提供了一个新的发展方向和视角，这些产业依托旅游业完成了自身的资源再开发，创造了新价值，提升了产业本身的效益，同时，也丰富了旅游业态和旅游产品，延伸了旅游产业链。

三、旅游产业与文化产业融合发展的相互推动力

（一）旅游产业与文化产业融合互动效应分析

融合互动是产业集成的一种有效形式，有助于在产业边缘地带激发出全新的产品，形成互生共赢的多重效应。旅游产业与文化产业可以相互依赖、相互促进、共同发展。所以，在融合发展过程中，旅游产业扩展文化产业发展空间，文化产业拓展旅游产业的内涵和外延。首先，依托旅游开发，挖掘文化，通过旅游这一载体传承、弘扬文化。其次，依托文化资源提升旅游文化内涵，加快旅游业的发展。最重要的是，通过旅游产业与文化产业的融合互动，实现文化的附加值，达到两大产业经济效益“双赢”的目的。实际上两大产业的互动能够充分彰显区域文化，从而实现区域经济的最佳效应。

1. 旅游产业扩展文化产业发展空间

文化产业依托旅游市场，以自己的独特方式和途径逐渐发展，旅游在这一过程中充当了显而易见的载体的作用。文化通过旅游产业让更多的人对其有所认识和理解，由此促进了文化的发掘与传承，实现文化资源的保值、增值甚至是创新，因此，旅游是文化发展的强大推力。游客对传统文化的好奇心是旅游中挖掘文化资源的关键因素。要满足旅游者的需求，就得注重传统文化的传承与保护，让人们更清楚地认识到传统文化的延续与复兴的关键性，从而增强文化的保护意识，带动文化体制的不断完善。

一个产业的发展需要以大规模的客源市场为支撑，而旅游业的最大优势是具有庞大的客源市场，由于大部分旅游者消费需求意向是异地的差异文化，这就促使旅游产业为文化产业提供观众，逐渐扩展文化产业的发展空间。目前，国内不少地区都在打造面向旅游业的文化演艺项目，如上海的“ERA—时空之旅”。而且文化演艺项目通过旅行社的途径进行销售，打破了传统的营销模式，保障了一定的客源及收入，无限地扩展了文化产品销售的市场空间。而且文化产业通过旅游走向更大的平台，向市场化、规模化、精品化方向发展，以此充分实现文化的经济效应。从目前来看，旅游市场的庞大消费群体是拉动文化产业发展的关键力量。

2. 文化产业拓展旅游产业的内涵和外延

旅游产业与文化产业是相互依赖、相互促进、共同发展的，两者的关系密不可分。而从旅游产业的角度看，蕴含文化因素的旅游产品，与其他旅游产品有所不同，其更有吸引力，更有市场竞争力。这样，旅游产业依托文化产业，不断优化升级旅游产品，满足旅游产业的多样化、个性化的市场需求，拓展了旅游产业的内涵与外延。

一方面，在旅游产业注入文化，以文化的创新打造旅游文化产品，使静态的文化资源成为动态的文化旅游产品，从而延续了旅游产品的生命周期。文化的创新设计与文化资源的动态展示，提高了资源产品的吸引度，提高了旅游效益。最明显的是，文化的引入提升了旅游产业的文化内涵，文化产业的介入不断扩展旅游产业的外延。

另一方面，旅游产业具有明显的季节性，而且经常受气候的影响。这是困扰旅游产业发展的一个突出问题。在这种情况下，可以通过文化产业产品的介入解决此问题。文化是旅游的灵魂，能提升旅游的层次，关键是要走内涵式发展道路。只有在文化产业与旅游产业融合发展上寻找突破口，将提升文化内涵贯穿到旅游发展的全过程，才能改变游客走马观花式的传统观光旅游模式，促进旅游产业提质升级，从而实现由门票经济向旅游目的地建设转变，增强旅游地的核心竞争能力。

（二）旅游产业与文化产业融合发展的相互推动力

旅游和文化如同人的身体和灵魂，没有文化的旅游，则失去了灵魂魅力，而没有旅游的文化，则失去了发展形态和活力。旅游产业和文化产业在本质上都具有经济性和文化性，在实际发展中，它们也密切关联、相互促进。总体而言，旅游产业对文化产业的发展具有引导和扩散作用，文化产业对旅游产业的发展则具有渗透和提升作用。

1. 旅游产业对文化产业具有引导和扩散作用

通过旅游的引导和扩散作用，区域文化通过旅游的形式得以彰显，以游客作为载体与外地文化进行交流和传播扩散；旅游的发展为文化资源的整合开发提供指导思路和依附载体，可充分挖掘和整合区域文化资源，促进区域文化产业结构体系不断形成并完善，进一步促进其规模化与市场化，还可促进民族文化和历史遗产的延续与弘扬，实现文化保护与开发的良性互动。

2. 旅游产业能促进文化资源的开发、保护与交流

文化资源的历史性、时代性、无形性和脆弱性等特点，注定了其发展的艰难性，需要外在的辅助条件。无形的历史文化和有形文物遗迹很容易遭到现代文明的冲击而失去其原有的光芒，也容易受到自然环境的侵蚀而残缺不全、光辉不再，此外，随着时代的发展其价值也会不断地被忽视和淡化。面对文化保护和发展这个严峻问题，政府出台了一系列保障文化发展的相关政策，并从财政上加大对文化开发与保护的投入，呼吁社会公众提高文化保护意识并参与其中。但是，财政投入的资金相对有限，对社会公众的调动作用有限，不能完全满足实际需要，文化资源的开发与保护仍旧是文化产业发展的瓶颈。在我国漫长的历史长河中，积累了丰厚的文化资源，其历史悠久、种类多样、内容丰富、独具特色，具有强大的吸引力。在当今旅游兴盛的时代，将文化资源开发打造成符合现代市场需要的旅游产品，具有巨大的经济价值；随着旅游产业的发展，文化资源的开发利用能带来可观的经济收入与较高的社会关注度，这又能为文化资源的保护提供充足的资金支持与社会重视。因而，旅游产业的快速发展可以解决我国文化保护与发展面临的严峻问题。

旅游是世界性的，每个地方都拥有不同的背景文化和地域文化，具有不同文化背景的游客在旅游中相互交流与沟通，促进了地区间文化的交流、传播与发展。各种博览会、展览会、学术交流会、景区体育比赛、主题公园等都是旅游与文化融合发展的表现形式，因而，旅游是无形文化的载体，为世界各地之间文化的交流与传播提供了途径。

3. 旅游产业扩大了文化产业的市场空间，增加了文化产品的销售量

旅游产业是世界性的大产业，每年全世界的游客高达几十亿人次，市场

巨大；随着大众旅游的普及化发展，近些年来，旅游市场将会得到进一步扩大。旅游业涉及面非常广泛，与十多个产业相关联，其发展横跨三大产业，与第一和第二产业融合形成的产业形态相对较少，分别形成了农业观光旅游和工业旅游等产业形态；与第三产业中其他服务业的融合是最普遍的，形成教育旅游、体育旅游、医疗旅游、节庆旅游、会展旅游、商务旅游、文化创意旅游、影视旅游等众多复合产业形态。旅游产业市场广阔，文化产业借助与旅游产业的融合发展，文化产品逐步进入旅游产业市场，随着不断的融合发展，其市场空间将会得到空前扩展。例如，深圳华侨城集团创造了我国文化创意产业的经典，其欢乐谷、锦绣中华、世界之窗和中华民俗村四个旅游景区，充分运用现代休闲理念和高新技术手段，创造性地将国际国内文化元素融入特定的旅游景区内，以满足人们参与、体验时尚旅游的需求和追求异域文化的好奇心。华侨城的各个旅游景区都有不同的文化内涵和定位，分别能满足不同年龄群体的需求，成功跨入旅游产业的市场范围。将旅游产业“文化化”，引领文化旅游经济的潮流，构筑更为完整的文化旅游产业链，开发更多具有创意性的文化旅游产品，拓展更广阔的市场空间，是其发展努力的主要方向。

（三）文化产业对旅游产业具有渗透和提升作用

文化是旅游的灵魂，没有灵魂的旅游是空洞无味的，给人散漫的感觉，不易长期吸引游客的兴趣。我国具有五千年的历史，积累了丰厚的历史文化和文物古迹；我国是多民族国家，各民族间具有小聚居、大杂居的特点，其民俗风情、建筑风格、宗教信仰不尽相同，这些都为我国旅游产品的生产提供了多样化的旅游资源类型和深厚的文化底蕴，对国内外游客具有强大的吸引力。

1. 旅游产业与文化产业融合有助于丰富旅游产品的种类，增加市场竞争力

文化虽是静态的、无形的，但是具有强大的精神魅力。随着人们科学文化素养的不断提高，人们对于文化的渴求也日益增加。越来越多的人旅游目的之一便是追求不一样的文化体验，拓宽视野和知识面，旅游中文化的魅力越来越大。以前，我们只能通过文字、口耳相传等方式来了解古代的、异域的文化；但是随着科学技术的发展，采用高新技术手段，将隐性文化显性化、静态文化动态化，旅游产业因为文化的不断渗透而制造出更为丰富和更具魅力的文化旅游产品，打造更具市场吸引力和竞争力的旅游景区。我们熟悉的

美国迪斯尼乐园和深圳华侨城等主题公园就是成功的典范。现在，我们在景区里经常能接触到的水幕电影，它通过 LED 立体成像，借助先进的声光电技术，将景区文化展示给游客，给游客强烈的视觉冲击和轻松的文化体验，能有效提高景区的吸引力。再如，横店影视城通过发展影视服务业而为人熟知，随着影视剧的热播，也为其带去了众多的游客，深入其中感受影视文化，成为新的旅游地。

2. 旅游产业与文化产业融合有助于提高旅游的内涵与品位

传统旅游景区往往拥有丰富的历史文化遗迹等文化资源，身处其中，游客只是静态观赏和听导游解说，不能直观地感受和领悟，这种旅游方式已不能充分满足游客的需求。随着文化产业自身的发展以及与旅游产业的融合，根据市场游客的需求，可借助现代科学技术手段，将传统文化资源进行梳理和整合，融入新的创意，改变传统的以静态文化旅游产品为主的状况，打造立体的、动态的、多样化的文化旅游产品，提升旅游产品的文化内涵和档次，将文化精髓更有效地传达给游客，满足其精神文化需求。张艺谋的印象系列就是将地方文化打造成富有文化内涵与品位且更具吸引力的旅游产品的成功典范，如《印象·刘三姐》、《印象·西湖》等，将从真实人物故事和民间传说中提炼的文化主题元素与单调的自然山水相结合，提高了传统旅游产品的文化品位，通过模拟真实故事情节，活灵活现地展现给游客，让游客产生身临其境的感觉。一些景区采用舞台剧或音乐剧的方式将文化打造成动态化、丰富化的旅游产品，如西安曲江的大型秦腔交响诗画《梦回长安》、大型秦腔诗乐舞剧《杨贵妃》、陕北民歌《兰花花》等，能使游客从多元化的旅游产品中领略地方文化的精髓。

第五章

旅游产业与文化产业融合发展的手段

第一节　旅游产业与文化产业融合发展的资源整合手段

旅游产业与文化产业的融合发展是产业发展的必然趋势，有利于国内经济效益、政治效益、社会效益、文化效益和生态文明效益的提高，有利于旅游产业、文化产业乃至整个第三产业的可持续发展，符合国家建设和谐社会的要求，对于国内经济转型发展、建设美丽中国都有重大意义。实践证明，旅游与文化在融合过程中出现的瓶颈必须寻找合适的途径打破，实现二者顺利融合，以此带动旅游产业、文化产业以及旅游文化产业的快速发展。

所谓资源整合是指由一方发起，联合另一方或多方的整合，其突出特点是基于共生机理，以互利作为出发点，共同联合、努力获取和组合新资源。旅游资源与文化资源整合具有三层含义：其一，旅游资源与文化资源整合是产业资源从无序到有序、从固定到互动、从对立到统一的过程；其二，旅游资源与文化资源整合是产业资源按照有序化、高级化、规律化的要求结合为更完整、更和谐的一体化系统；其三，旅游资源与文化资源整合范围宽广，包括市场资源整合、营销资源整合及政策资源整合等方面。从资源整合内涵不难看出，旅游资源与文化资源整合可有效改善两大产业融合深度和广度欠缺的状况；通过对管理体制、政策条件等方面的资源进行整合可以建立高效畅通的融合通道，解决融合过程中机制不畅通的问题；通过对狭义上旅游资源与文化资源的整合，可以解决旅游资源和文化资源的分散问题。由此，借助资源整合实现旅游产业与文化产业融合发展是可行的。

鉴于此，以资源整合实现旅游产业与文化产业融合的路径就越显重要，整合路径直接决定整合效果，影响融合效益。本书以旅游产业十三五规划建议为指导思想，按照支撑大产业发展格局的要求，结合大作品展现、大集团运作、大景点支撑、大服务引领、大会展集聚战略的思想，依托交通网络和城镇体系布局，根据旅游规律，结合国内文化产业与旅游产业资源的类型、分布及优劣势等，提出了几大整合途径。

一、以规划整合带动资源整合，实现旅游文化产业融合良性发展

旅游与文化资源的整合不仅仅是小区域内的排列组合，还是全国在旅游与文化整体发展规划下进行的整合。规划整合就是在已有成熟线路基础上，达成“大点带小点，长线引短线，宽面分窄面，大圈带小圈”的规划思路。大点与小点是以景点的等级及价值为区分点，大点即精品线路中的世界遗产或国家4A级以上旅游景点，而小点指地域性的旅游文化景点；长线与短线是以线路在交通上的可进入性以及线路上景点的价值为区别，长线指连接处于主要交通干线上的或者价值较高的景点的旅游线路，短线则指连接处于次级交通干线或小点的旅游线路；宽面与窄面、大圈与小圈主要是指以旅游景点与旅游线路结合形成的旅游网络的大小。因此，旅游的规划整合实际上就是对“点、线、面”的整合，即旅游上经常出现的“点轴”思路。点的选择至关重要，是整合的基础。整合过程既是“大化小”的过程，又是“小成大”的过程。这就要求在规划时以大点为基础，结合同级大点成为长线和大面，同时以大点为中心，整合同类文化内涵相似或者互补的小点资源，形成一个个以中心为辐射点的小圈，最终形成“大圈带小圈，小圈促大圈”的互动格局。

以山西为例，晋中民俗文化旅游资源丰富且集中，可以作为一个大面来整合。在“一核一圈三群”的城镇化推进思路中，太原承担着举足轻重的作用，晋中地区多数县市成为核心区域的承担者，而在太原都市圈的规划思路中，这些地区亦不可或缺。晋中地区最有特色的便是以“敢为天下先”为依托的晋商文化及其相连的富商大院文化，而知名度较高的则是省会城市太原及世界文化遗产平遥古城。太原是山西省会城市，平遥古城是世界文化遗产，因此将太原与平遥作为晋中地区的大点，搞活中部，辐射全省是可以尝试的。对于太原，可以结合晋祠开发晋、赵文化，而且赵文化的开发可以与河北联合起来，形成联动区域。对于平遥，可以结合晋中大院的情况，按照旅游产业规模化、集群化发展的要求，打造民居古建旅游走廊和大院文化旅游长廊。

对于晋东南，可将旅游文化资源与自然景观相结合，打造“绿古游”“红古游”及“红绿游”。以长治太行山大峡谷为例，对该景点采取省际联合，扩大太行地域风光的影响度，形成黄河和太行风光的主题旅游文化。此外，在更大范围内与南部的临汾和运城结合发展，晋城的炎帝陵、临汾尧庙、运

城舜帝陵庙、运城关帝庙、女娲陵等景区恰好组成晋南寻根祭祖游核心。同时，晋东南地区有着丰富的神话传说，如女娲补天、大禹治水、后羿射日、精卫填海、愚公移山等，以这些传说为景点的文化之魂，构建一个神话文化旅游区，向人们展现文学中的上古神话。

借助以上思路，在旅游产品的开发方面可以结合不同游客的需求偏好和旅游层次来开发特色旅游线路，比如：针对中小学生推出“探险游”“农乐游”“红色游”，重点培养中小学生的动手意识和爱国意识；针对大学生推出“探险游”“文化游”，以此来满足大学生喜欢刺激的需要，同时培养文化意识；针对老年人推出“民俗文化游”“宗教文化游”，来满足老年人的特色需求；针对情侣推出“爱情文化游”，主推运城永济《西厢记》的发生地以及牛郎织女传说的发生地；针对区域内游客推出时间较短的“一两日游”，针对国内游客推出“三五日游”；针对欧美游客主推“宗教文化游”和“古建文化游”，而对东南亚游客则主推“根祖文化游”和“关公文化游”；针对不同学者推出“考古游”“遗址游”等。在规划创新方面，尤其是农耕文化旅游资源的发展，可以从日本农田画作设计中得到启发，将传统的文化因素与文化符号巧妙融入农耕设计中，实现实践和理念的创新。

总之，借助“大带小，小促大”的思路，辅之以“多层次需求，个性化设计”的思想，依托骨干线路建设，充分发挥优势，开发出专业性强、消费档次高、大小各异、长短不一的专题旅游线路，以此促进旅游产业与文化产业融合的良性发展。

二、以核心产业整合支撑产业，构建旅游文化产业融合发展平台

借鉴魏小安（2006）、郑胜华（2008）、弓志刚（2010）等对休闲产业的分类，依据旅游产业与文化产业内部各行业与旅游消费的关联程度及产品属性，可将旅游文化产业分为核心产业与支撑产业。其中，核心产业是直接为旅游消费者提供旅游服务的文化旅游企业群，如文化旅游景区、文化旅游演艺业等。支撑产业是为核心产业提供物质支持、交通和各类支撑服务的相关企业群，如交通运输业、文化工艺品制造业、餐饮业、金融服务业等。

核心产业与支撑产业是共生的关系，相互促进，互为支持。核心产业的发展需要针对性的支撑产业，支撑产业的完善又需要核心产业做引领，二者

循环促进，共同发展。具体而言，就是要结合核心产业的特点及要素，以其为指导来发展支撑产业，最终实现核心产业与支撑产业共赢的局面。以核心产业整合支撑产业，就是要根据核心产业的需求去安排相应的支撑要素，构建核心产业良好发展的平台。

以核心产业整合支撑产业，主要在于运用文化旅游产业的带动作用来整合相关基础设施产业。即通过文化旅游的扩散效应带动交通业、住宿餐饮业、旅游产品制造业等产业的发展，不断完善文化旅游产业"吃、住、行、游、购、娱"的综合功能。

可以看出，旅游产业与文化产业融合后的核心产业，在整个产业循环发展链条中通过辐射扩散的循环影响，将其产业优势辐射传递到相关产业链上的各个支撑产业中，尤其是促进了"食、住、行、购、娱"等产业的发展。具体体现在以下方面。

（一）依托文化旅游方式，全面提升购物水平

例如，在山西旅游开发中，鼓励通过根祖文化、红色文化、晋商文化以及宗教文化等旅游景点开办前店后场式生产加工服务，在各区域内培养一批展示民俗民风的高水平特色工艺作坊，研发一批具有地方特色、文化含量高、技术含量足的旅游工艺品，提高购物消费水平。

（二）借助文化旅游业，重点发展特色餐饮

例如，在河南旅游开发中鼓励通过弘扬河南面食文化，突出豫菜特色，在旅游景点开办旅游饭店或开辟专用餐厅，突出各地餐饮的个性原料与特色文化，挖掘各地的传统餐饮名吃及烹饪工艺，打造一批特色强、营养高、叫得响、能致富的餐饮特色产品和品牌，统一标志，统一品牌形象，统一菜品，统一价格，以旅游风味餐的形式推向国内外市场。

（三）以文化旅游为主，加快发展大众娱乐

国内丰富的旅游资源之所以还未转化为资源优势，原因之一在于缺乏活文化，资源的表现形式仅仅是静态的、不可参与的，因此要开发参与性、趣味性强的文化娱乐项目，挖掘国内民俗文化中最具代表性的娱乐文化元素，将其创新开发成传统内涵深厚、雅俗共赏的文化娱乐产品，要突出开发更多

能够代表地方文化的娱乐大戏，形成系列产品，以此吸引顾客亲身参与、体会。通过“娱”的加强，丰富文化旅游内涵，彻底打破门票收入的局面，带动相关产业发展，展示文化旅游魅力。

（四）以旅游文化为主，积极培育新型旅游业态

文化旅游业只有与其他旅游业态相结合，树立大区域、大旅游的思想，才可以更好地发挥其联动效应。因此，要培育发展观光旅游、采摘旅游、休闲度假旅游、商务会展旅游、工农业旅游、体育赛事旅游等新型旅游文化业态，根据不同游客的偏好及品位，形成多层次、多形态、多品牌的旅游文化产品体系。

（五）以旅游文化效益带动公共服务水平，加强基础设施建设

旅游文化产业的旁侧效应是指借助前期旅游文化带动基础设施建设，进而后期促进旅游文化加速发展。国内城市及农村旅游文化产业的配套服务设施功能不健全，具体表现为基础设施建设不均衡，景区服务管理水平相对滞后，旅行社品牌效应不强、不大，信息咨询、外币兑换、国际通信、信息标识等服务尚不能适应国际化标准和市场需求，多语种导游服务、高技能管理人才缺乏等问题还普遍存在，制约着旅游产业与文化产业的融合发展。因此，加强旅游文化地公共服务水平，引导服务业的业务范围及功能向旅游文化地拓展都是必要的。

总而言之，为了促进旅游产业与文化产业融合发展，在“吃、住”环节，继续规范餐饮业和酒店服务业的服务标准，提高服务质量；在“行”环节，加强交通方面的基础设施建设，改善旅游交通环境，加大民航、铁路、高速公路等基础设施建设，加大交通干线和景区道路的生态环境建设，以增强景区的可进出性；在“购”环节，进一步加强旅游购物和景区娱乐在内容、形式、数量、质量上的发展；在“游”方面，继续加强景区旅游电子政务、旅游电子商务、旅游服务中心、标牌解说系统、自驾车服务体系、旅游厕所、旅游图片库和信息库、旅游金融服务等项目的发展；在“娱”方面，加快建设有地方特色的大型娱乐项目，如主题文化公园、故事演绎文化园等；在其他方面，要加强建设旅游医疗、旅游环境、旅游安全等保障体系，最终为旅游产业与文化产业的融合发展构建良好平台。

三、以不可移动的资源整合可移动资源，实现有形与无形的旅游文化产业融合

旅游资源与文化资源是否可移动与其是否有形紧密相联。一般认为，不可移动的旅游资源和文化资源以物质为载体，而可移动的则常以非物质为载体，不管是物质的还是非物质的资源，可以通称为旅游文化资源。可移动非物质旅游文化资源本身具有小、散、乱的特征，在整合开发中具有与生俱来的劣势，资金匮乏、经济发展、民俗流失等都会造成其传承的间断；而不可移动的旅游文化资源由于其物态性质，可以长期存在发展，可以旅游资源和文化资源的形态传承，但如果内涵开发不够则会制约其发展。结合二者特点可知，借不可移动的旅游文化资源整合可移动的旅游文化资源，能很好地解决非物质旅游文化资源因非物化形态而难以传承、物质文化遗产因内涵开发不够而难以发展的缺点，二者的整合可以实现相互促进、相得益彰。

要实现有形和无形的整合，就要通过主题展示及非物质文化遗产文粹园的形式，将民俗项目和动态活动有机结合起来，增加旅游者的参与性，变普通的观光旅游为丰富的体验旅游。具体做法如下。

（一）以不可移动的名胜景区整合可移动的非物质文化资源

一些可移动的非物质旅游文化资源单独开发不一定构成旅游影响力，达不到较高的经济效益，此类遗产资源可以依附于名胜景区来整合，使两者都形成一种融合与互动的效应。这类模式适合民间文学类、民间音乐类、民间舞蹈类和民俗类遗产。以山西为例，在司马墓景区展现著名的“司马温公神道碑”；万荣飞云楼景区表演万荣笑话，展现万荣的民俗；在普救寺的莺莺塔景区展现董永传说、牛郎织女传说，在感受崔莺莺和张生的爱情的同时，也可以感受牛郎织女爱情神话。五台山佛乐可依托著名的五台山佛教圣地进行表演，恒山道乐则可在道教圣地恒山进行表演，特色服饰资源可以依托平遥古城摄影大赛、举办山西模特大赛，也可以在晋商大院景区中得以展示。这样，人们在旅游的同时可以顺便欣赏、了解这些非物质文化遗产，还可以对相应的旅游资源留下深刻印象，借此提高游客对国内旅游文化资源的整体认识。

（二）以物质文化遗产为载体，建立文粹园，整合可移动文化资源

通过建立文粹园，将一个区域内重要的可移动物质文化资源纳入园中，在园中按一定时间进行展示、展演、销售等活动。国内可移动的非物质文化资源丰富，种类繁多，地域差异大，因此在区域内可以考虑建文粹园，各地按区域文化来展现当地的民俗和技艺。以山西为例，晋南区可以在运城建立文粹园，运城与陕西接壤，经济发展水平较高，非物质文化遗产较多，仅山西申请的第一批非物质文化遗产民间文学7项中，就有5项属于运城。因此，在运城建立文粹园，展示晋南当地的民俗与技艺是值得实践的。对于晋中而言，民间手工艺和传统技艺多，有些甚至驰名中外，如平遥推光漆器髹饰技艺、老陈醋传统酿制技艺、月饼制作技艺等，因此可以通过文粹园展示这些技艺的精湛，游客通过体验、参与、品尝达到一种互动。此外，还可在文粹园表演传统体育、游艺与杂技，如晋中市的心意拳、太原市的风火流星等，这样不仅可以吸引游客的眼光，形成互动，也可以展现当地的民俗风情。

（三）借助工业旅游，整合开发可移动的非物质文化资源

国内具有很多独特的工艺和技艺，这些成为发展工业旅游的条件。鉴于这些原因，国内目前已经形成很多有影响力的工业旅游区。以山西为例，山西杏花村是中国白酒源头，拥有丰厚的酒文化底蕴。目前，杏花村内有汾酒古作坊和太符观两处国家级文物以及汾阳王庙遗址、灵岩寺遗址、葫芦峪遗址、新石器遗址、原始水打磨遗址、狄青墓等众多文物古迹；汾酒博物馆收藏了商朝以来的1300余件酒器、酒具和文物，以及歌赋诗文3000余篇，书法墨宝2000余件。杏花村生态旅游产业园区也已成功规划。另外，山西省的醋文化底蕴深厚，东湖醋、水塔醋、紫林醋等知名品牌已经享誉中外。清徐县作为全国“醋都”，其独有的清徐老陈醋酿制技艺已经成为山西省首批推荐的中国非物质文化遗产，基于醋文化的醋业旅游也已初步成为新的旅游方式。酒文化、醋文化的兴起，为山西省工业旅游的发展提供了良好的契机。不难看出，工业旅游的发展以丰厚的本土文化为前提，因此借助工业旅游来整合可移动的非物质文化遗产旅游资源是可行的。

这种形式适合整合民间美术和传统的手工艺类非物质文化遗产旅游资源。具体来说，首先要形成手工艺行业，建立工业旅游园区，借助工业旅游的形

式扩大国内特有文化的知名度和影响力；其次，企业在生产加工产品时，可以在美术品上附着产品文化简介、粘贴或内赠与之相关的非物质文化遗产简介的小画册以及可以物化的非物质文化遗产样品等；最后，商场和购物中心也可以通过促销宣传、互动参与来扩大技艺的知名度，深化其文化内涵。总的来说，工业旅游是整合非物质文化资源的一种方法，这使得游客在观光的同时，可以亲身体验和了解中国传统手工技艺，进而了解中国文化。

四、以文化资源整合旅游资源，促进旅游文化产业融合发展

文化与旅游的融合发展不仅是景点文化内涵的挖掘，还应该是在资源整合驱动下的产业资源的整合。因此，通过对文化与旅游两大产业内部的各个分支部分进行整合，可以达到全面整合的目的。

（一）影视传媒业、节庆会展业与旅游资源整合

旅游产业与文化产业的交互融合程度直接影响着旅游文化产业发展的高度，二者相互依托，相互渗透。借助以下几个方面来整合旅游资源会有一定的整合效果。

一方面，借助大众媒体来整合非物质文化遗产资源。这需要借助电视这一比较直观的媒体，通过广告电视作品或拍摄专题纪录片来直接展现其现状。这适用于商品类遗产，如剪纸作品、醋、酒、平遥牛肉制作技艺和传统中医养生等。杂志作为一种比较有效的宣传方式也应该被考虑。据调查，境外游客了解旅游资讯的主要手段除口头传递之外便是杂志和网络，因此尽可能地邀请外国旅游杂志的记者与编辑，并将一部分广告经费投放于有影响力的旅游杂志是必要而且可行的。至于网络对旅游的作用则更是显著，所以加强多功能、多语种旅游网站的建设，通过图片和视频等来展示旅游资源至关重要。

另一方面，借助影视作品或节庆会展等媒体事件来整合现有物质文化资源或已经转化为旅游资源的非物质文化遗产资源。影视作品对旅游文化资源的影响不容忽视，可以有效发掘资源文化内涵，提升文化品位。以影视作品形成的影视文化凭着自身强大的娱乐功能与宣传效应，吸引观众前去影视拍摄基地游览，回忆和体验故事中主人公的行为经历，印证故事片段的发生地。同时，影视作品对旅游地的展示时间较长，这会对潜在旅游者形成身临其境

的刺激，使其转化为现实旅游者。以山西为例，《乔家大院》《大红灯笼高高挂》等影视剧火爆播映的同时带来了乔家大院旅游的繁荣。因此，创造文化内涵丰富、反映山西民俗特色的影视作品，将旅游目的地巧妙融入影视内容，邀请知名影视人来旅游资源目的地拍摄，以定点及巡回的方式进行演出，对于扩大旅游地的知名度具有重要意义。

（二）艺术品、工艺美术业与旅游业的产业资源整合

目前，国内旅游业的发展忽视了旅游需求的不同层次，所开发旅游产品缺少层次性、多样性和特色性。而国内文化产业消费不足，很多传统技艺的传承发展受到资金制约未能继续。而艺术品、工艺美术业与旅游业的融合可以解决这些问题。例如山西省政府将工艺美术行业划归省文化厅管理后，工艺美术业与旅游业的融合更显必要，融合的实质即借助相对成熟的旅游业市场平台开拓文化消费市场，不断丰富文化产品的层次及内容，在更大范围内促进工艺美术业的发展，形成文化产业与旅游产业共同发展的双赢模式。

首先，要大力开发具有区域标志文化元素的旅游工艺品或民间艺术品，通过旅游市场的大力推广，通过文粹园的辐射效应，让这些具有地域特色的文化符号成为游客的“必购品”，成为省际、国际对山西的“印象品”，成为民间文化交流的“必需品”。这不仅促进了文化交流，加深了旅游印象，也为工艺美术业的传承和发展提供了所需的资金，提高了旅游业的经济效益，同时带动了工艺美术业蓬勃发展。如山西剪纸通过中国（广灵）剪纸节活动，传播了广灵特色文化，使广灵剪纸以旅游纪念品的形式走出山西、走向世界，有效地挖掘、抢救、保护和发展了剪纸艺术，使其由濒临失传变为蓬勃发展的朝阳产业。其次，区域政府应该以文化节、国际摄影展等重大节庆活动为发展契机，在节庆期间推出精品旅游线路，做好媒体宣传活动；要以节庆活动为突破口，推进区域标志性旅游工艺品的开发，对国内的剪纸艺术、美术陶瓷、花画工艺品、抽纱刺绣工艺品、民俗工艺品、雕塑工艺品等传统工艺进行积极的市场推广，扩大中国文化及旅游在国内外的知名度。

（三）休闲娱乐业与旅游业的产业资源整合

旅游产业是吃、住、行、游、购、娱六要素俱全的产业体系，总体来看，国内旅游产业链条中普遍存在着“购”“娱”两大功能不足的“短板效应”，

产业延伸不够，辐射作用不强。

很多景区存在“娱乐项目少、购物环境差、特色商品少、收费价格高、参与程度低、游客兴趣不足”等问题。因此，要将文化产业中的休闲娱乐业与旅游产业进行深度融合，要用文化要素充实旅游业的娱、购功能。应变普通的观光旅游为丰富的参与性旅游，调动游客的积极性，吸引游客。在具有情景开发价值的景区，如在乔家大院、平遥古城、莺莺塔等景点，让游客白天进行景点观光，晚上观赏艺术表演，身临其境地体会景区源远流长的故事，从而提升旅游品位，增加旅游趣味性。通过这些来扩大旅游产业规模，延长产业链条，促进上下游产业的发展。要积极借鉴国外其他地区文化资源与旅游资源融合的实践经验，建设一批集旅游、文化、购物、娱乐、休闲为一体的旅游文化景区和文化旅游主题公园。在强化旅游功能配套的同时，整顿不合理文化，融入时尚文化，合理开发娱乐休闲项目，将历史与现代进行有机结合，营造让游客流连忘返的文化旅游项目，进而促进国内产业结构调整，拉动国民经济又好又快地发展。

五、以大景区整合分散资源，实现旅游文化产业集群化发展

大景区是指文化内涵浓厚、规模较大、级别较高（一般为4A以上）的景区，一般包括世界文化遗产、国家4A级以上景区等。借助大景区的静态效果来对分散文化资源进行移植整合，实现旅游产业与文化产业集群化发展，以此实现旅游产业与文化产业的深度融合。依据产业集群理论，国内不少区域的旅游产业与文化产业具备集群条件。一是旅游企业具有聚集特征，对于各旅游区域而言，其竞争力的大小来自各个旅游相关行业及企业的共同努力，在旅游区域或者旅游景点，旅游相关利益群体所进行的空间上的集聚满足旅游产业与文化产业集群的首要条件。二是聚集在旅游目的地的企业之间存在着密切的产业联系，即旅游目的地企业间存在知识和信息共享。可以看出，国内各旅游区域的利益相关群体不仅包括当地旅游景点的基础设施提供者，还包括当地居民在内的一系列相关者，如旅行社、旅游产品供应商、旅游宣传部门等，这些相关利益者在信息上的共享以及行为理念上的共识可以促进当地旅游的健康可持续发展。三是旅游区域具有创新动力。即使在同一区域内，旅游资源也比较分散，旅游观念滞后，与发达国家相比，具有较大差距，

因此落后地区的旅游文化发展具有创新的动力。

六、以大集团整合中小企业，提高旅游文化产业集聚度

国内旅游产业和文化产业融合发展后的新产业，具有的最明显特征是产业集中度低，缺乏具有代表性的旅游文化企业。以山西为例，2014 年统计显示，旅行社行业中，营业额不足 100 万元的占 59%，营业额在 1000 万元的仅占 3%。全国旅行社百强中，山西省无一家上榜。这在很大程度上削弱了山西旅游企业在国际、国内旅游市场上的竞争力，也制约着全省旅游业的整体发展。与西安市相比，山西省旅游文化产业收入在各地区额度分配上呈现均衡分布，这在一定程度上也显示了山西省旅游文化产业集中度较低的问题。因此，提高国内旅游产业和文化产业集中度是必选之举，而提升方法之一便是以政策倾斜为动力，推动国内旅游产业集团化，进而借助大集团运作获得发展。

借助大集团运作、整合中小企业，具体到实践中，一是要鼓励以资本为纽带的旅游、文化企业间的合作，实现优势互补、市场共享，培育龙头旅游文化企业；二是要在市场准入方面降低门槛，消除恶性竞争；三是在资金方面要继续加大对旅游文化企业的资金支持力度，对经济实力一般的企业给予资金支持，通过政企合作、股权投资、发行旅游债券的方式，完成旅游文化龙头企业的打造；四是对旅游文化企业存在的所有制结构问题，要突破原有观念，通过各种资本结合方式，形成以公有制为主体，多种所有制并存的体制（山西省煤炭资源整合在这方面的“优进劣退、大进小退”的整合思想可以作为经验效仿）；五是在税收方面，要根据国家政策具体落实税收优惠幅度及范围，对于发展潜力大的企业免征营业税或少征营业税；六是在政策方面要继续遵循大集团运作的思想，着力营造良好的软环境，构建投资服务支撑体系，通过这些举措来培育旅游文化龙头企业，推动旅游产业与文化产业融合的深度。

七、以跨区域合作整合文化旅游资源，促进旅游文化产业融合发展

旅游资源与文化资源具有很强的分散性和互补性，一个地区旅游产业与

文化产业融合发展只有拓展至更大的区域范围内才会有突破性进展。以山西省为例，借助中部地区其他省份的发展，通过与其进行合作，打造跨区域旅游文化圈更有意义。2010 年 12 月，太原与合肥签订旅游合作协议书，开启了新的合作；2011 年 1 月，晋豫陕“黄河金三角”旅游区域协作会议中，各方表示要围绕黄河文化，打造“旅游金三角”，共享区域合作利益；同时太原市和渭南市旅游局共签建立友好旅游合作关系的协议书，以“资源共享、信息互通、客源推介、交通互联、营销互动、互惠互利”为原则，共建两市无障碍旅游区。这些都可以看出，通过跨区域旅游合作整合省内外文化资源、促进旅游产业与文化产业融合发展不仅可行，而且已经有所成效。因此，相关部门应从以下两方面着手。

一方面，加强资金利用，招商引资以求发展。不少省份被确立为综合配套改革试验区，这一政策对于各省资金的流入有着重要的意义。在政策的指导下，各省应深入挖掘旅游资源的文化内涵，加大旅游活动的文化含量，通过各种手段来提高国内旅游产品的品位和格调，打造出对游客具有文化吸引力的旅游文化产品，利用自己的旅游文化资源优势来吸引各地的投资资金，以此促进区域经济发展，最终实现区域共赢。

另一方面，在资源上实现共享和互补。整合过程中要充分发挥地域特色，求同存异，不断加强与周边省市的合作，以邻为伴，与邻为善，挖掘人脉关系、经济联系、文化源流等，加强与其他地区的旅游区域合作，实现旅游产业与文化产业的共同发展。在实践中，可以将国内各地区不同文化景观按照比较优势理论及区位理论进行分配，进行差异化开发和发展，形成各具地方特色及文化底蕴的子文化旅游带，增加彼此之间文化旅游资源的依赖度。同时，借助便利交通、金融合作、景区合作、文化共性等要素打造区域无障碍旅游文化圈。

第二节　旅游产业与文化产业融合发展的市场整合手段

市场整合理论是在实践中不断发展和完善的，而旅游市场和文化市场整合理论也不断演化和发展。旅游产业与文化产业融合发展的市场整合手段可以细化为：旅游市场与文化市场的空间市场整合、旅游市场与文化市场的营销阶段整合和旅游市场与文化市场的时间整合。接下来将对这三种市场逐一进行阐述。

一、旅游市场与文化市场的空间市场整合

众所周知，旅游产业与文化产业融合发展会形成一个新的产业——旅游文化产业，在旅游文化产业领域所生产的产品即旅游文化产品。旅游市场和文化市场的空间市场整合是研究某一旅游文化产品市场价格变化对另一旅游文化产品市场价格变化影响的程度。从理论上讲，在完全竞争的假设下，处于不同区域的市场之间进行贸易时，某产品在输入区的单价等于该产品在输出区的价格加上单位运输成本，如果输出区的价格变化会引起输入区价格的同样方向和同等程度的变化，则称这两个市场是完全整合的。空间市场整合通常可分为长期市场整合和短期市场整合两种。长期市场整合指两个市场的价格之间存在长期的、稳定的联系，即使这种长期均衡关系在短期内被打破，最终也会恢复到原来的均衡状态。短期市场整合指某一市场上该产品价格的变化会立即在下一期引起另一市场上该产品价格的变化，它反映了市场之间产品价格传递的及时性和价格反应的敏感性。如果某个国家的任何两个市场之间都是整合的，则称这个国家的市场是整合的或一体化的。实际上，任何一个国家的市场都不可能完全整合，完全整合是一种理论上的状态。

二、旅游市场与文化市场的营销阶段整合

营销阶段的整合是指不同营销阶段的整合，主要研究同一商品在某营销

阶段的价格变化对下一阶段价格变化的影响程度。如果某商品在不同营销阶段的价格满足“下一阶段价格 = 上一阶段价格 + 营销成本”，则此营销阶段之间是整合的。如批零市场整合，即某商品的批发市场和零售市场之间的整合。

所谓旅游市场与文化市场的营销阶段的整合，是指旅游文化产品不同营销阶段的整合，主要研究旅游文化产品在某营销阶段的价格变化对下一阶段价格变化的影响程度。如果旅游文化商品在不同营销阶段的价格满足“下一阶段价格 = 上一阶段价格 + 营销成本”，则此旅游文化产品的营销阶段之间是整合的。

三、旅游市场与文化市场的时间整合

市场的时间整合主要研究某商品的现期价格变化对后期价格变化的影响程度。当满足“后期价格 = 现期价格 + 储藏费用”时，则称为时间整合。

所谓旅游文化市场的时间整合是指时间整合主要研究旅游文化产品的现期价格变化对后期价格变化的影响程度。当满足“后期价格 = 现期价格 + 储藏费用”时，则称为旅游文化市场的时间整合。

第三节　旅游产业与文化产业融合发展的营销整合手段

营销整合的概念源于管理学。在管理学领域，营销整合所要解决的关键问题是企业与外界的融合问题，即在整合基础上实现与竞争者“和平共处”，让消费者高度满意。现将营销整合视为旅游产业与文化产业融合发展的手段，则是指以游客为中心，对不同地市、不同资源的相关营销因素进行重组，统一旅游与文化的发展目标，统一区域或地区文化旅游的整体形象，以此来传递给国内外游客文化旅游的综合信息，实现吸引游客的目的。笔者认为，旅游文化企业的营销整合主要从几个方面来展开。

一、景点营销整合

就单一景点来说，要从内部提高旅游文化景点的文化内涵，根据不同地区的特色资源及重要营销事件来构思不同的营销方式。

（1）对于国际公认、知名度高的优秀旅游资源，如平遥古城、清明上河园、云冈石窟、张家界森林公园等，可以遵循“大景点支撑”的理念，在发展时直接把现实的旅游文化资源开发成旅游产品，并保持其原貌，形成精品旅游景区，构成国际旅游文化体系中的尖端旅游文化产品。

（2）对已失传的传统文化，可以按照历史记载，挖掘题材，恢复历史面貌，以人造景观的方式历史再现民族文化。山西襄汾“丁村古村落”便适合这种模式，通过仿照当年格式的建筑及民俗，向游客表演如何使用原始农具耕作、原始车船运输等古老的传统习俗以及各种民俗，再现了当年远古人类劳动和风俗习惯，以此吸引了大量国内外游客。

（3）对一些传统民俗节日和历史事件的发生地，可以借助具有一定时效性的旅游事件，构成区域文化旅游活动的时间多样性，借此进行整合。如通过举办牛郎织女旅游文化节、峨眉山国际旅游节等营销事件进行旅游营销。

（4）对于包公祠一类的文化景点，可以在旅游旺季特别是“五一”“十一”

黄金周以及民俗节假日，由文化传播公司联合承办节庆演出，并与新闻媒体紧密结合进行广告造势、亮点宣传，重点突出大宋包公文化，依据影视宣传来扩大知名度。如开封连续多年举办“菊花节”，利用这个独创性载体，通过新颖的系列文化活动以及与国内外游客的交流，大幅度提升开封古城的知名度和美誉度，同时让国内外游客了解开封，关注开封，从而提升开封的经济和社会效益。另外，近年来开封背景的影视剧发展迅速，成果显著，借助《包青天》《少年展昭》等影视剧为开封的旅游业发展进行宣传造势也渐露成效。

（5）对于一些民间文学的发生地景区，可以采用情景营销方式进行整合。即在旅游过程中给游客塑造一种小场景，使顾客身临其境地感受到自己成为情景中的一个角色，打造“角色融入式旅游”。或者以拍电影的形式将旅游地的文化做成剧本，角色由游客来饰演，制成简短的电影片段，向游客收费后，由其自己保管。在这方面可以尝试的景区有《西厢记》故事的发生地运城永济、牛郎织女传说的发生地和顺县、赵氏孤儿传说的发生地阳泉等，这些地区均可以借助旅游文化节庆，利用这些美丽的传奇故事，通过互动参与的方式，以一种人们喜闻乐见的鲜活的形式来吸引游客。通过这样的营销创新，既可以增加旅游地的吸引力，又使游客感觉充实，提高整合效益。

（6）从游客层面来讲，鉴于游客对文化旅游的热衷逐步升温，因此应结合游客的需求进行分门别类的文化旅游开发及营销整合。有调查表明，游客群中男女比例相当，因此在资源的开发和项目的设置上应该注重男女游客的统筹兼顾；游客群的年龄比例以青壮年（18—34 岁）为主，老年人也占据相当大的份额，因此在旅游路线的设计上应该主动迎合这部分游客的需要，分层次分群体进行营销；游客群的职业构成上，教师、学生以及企事业单位工作人员占据主要地位，因此应该侧重于对学生群体的营销，加大对学术游及探秘游等新兴路线的宣传，同时针对这一群体推出比较便利和优惠的旅游路线；在旅游方式上，自助游和自驾游逐渐成为主流，因此应该加大对自助游和自驾游等基础设施的建设。总之，从游客的需求和特点出发，进行针对性的宣传和旅游促销意义重大。

二、区域整体营销

就不同地区之间的营销整合而言，主要是对营销方式、营销人才的整合。

中国地大物博、人口众多，各地区在经济发展、交通网络、资源禀赋方面各有差异，地域之间的营销整合主要是以旅游产业与文化产业为核心点，建立有效的营销服务平台。在营销理念方面，各个地区要保持一致理念，致力于将中国打造成为全国旅游文化基地，在类似及互补资源方面要坚持营销方式与资源存在方式求同存异的观念，通过有力的宣传促销来创造强有力的旅游文化品牌；在营销环节上，要与旅游文化产品的开发紧密相扣，使得游客充分参与强力旅游文化品牌，体验品牌的多层次、多样性，同时通过营销方式的整合及旅游文化产品的设计，满足游客的层次化、定制化、特殊化旅游需求；在营销人才上，要加强国内各地区以及省际旅游营销人才的合作与交流；在营销方式上，要借鉴运用分类营销、捆绑营销、有奖营销及季节营销等新型营销方式，使营销宣传的旁侧效应最大化。通过这些举措真正达到营销资源共享、营销人才共创、营销创意共思、营销效果共喜的整体营销整合局面。

第四节　旅游产业与文化产业融合发展的政策整合手段

一、政策整合概述

旅游产业和文化产业在我国国民经济与社会发展中的重要作用受到中央政府的高度重视，旅游产业和文化产业融合发展已开始融入国家经济社会发展战略体系。时任国务院总理温家宝在《政府工作报告》中曾指出：一是要“完善消费政策积极培育旅游、文化、休闲、健身等消费热点，扩大居民即期消费”；二是要“从改革体制、加大投入、完善政策等方面，鼓励和支持服务业加快发展，尤其要发展物流、金融、信息、咨询、旅游、社会服务等现代服务业”。而保证旅游和文化业的可持续发展，健全旅游产业和文化产业的政策是必然选择。

政策整合是政府为改变产业间的资源分配和企业的经营活动而采取的政策，旅游产业和文化产业政策整合实际上是政府为了实现一定时期内特定的经济与社会发展目标而制定的针对旅游产业和文化产业发展的许多相关子政策的总和。政府一般通过制定政策整合来有效地对旅游经济进行干预。通过制定符合本国国情的旅游和文化产业政策，国家能有效地提升旅游和文化业的国际竞争力，促进旅游产业和文化产业的可持续性发展。健全我国旅游产业与文化产业的政策整合的必要性主要表现在以下方面。

（一）符合国家产业发展的重点

从经济产业特征和发展前景来看，健全我国旅游产业和文化产业政策整合符合我国产业政策制定纲要的工作重点方向。旅游产业与文化产业是朝阳式的产业，正处于新兴发展阶段，发展后劲十足。国家把旅游和文化产业确定为第三产业的重点，明确将其作为第三产业中“积极发展”类产业重点发展。

（二）符合经济发展的客观要求

旅游业和文化业的发展能扩大内需，这是不容置疑的。从发挥旅游业和文化业扩大内需的功能来看，加快制定政策是必然的选择。把旅游业与文化业确定为国民经济的新增长点，这种提法就是从旅游业和文化业扩大内需潜力的基础上论证的。为了实现我国经济的快速、持续增长，加快制定旅游产业和文化产业融合发展的政策也是发展市场经济的客观要求与必然选择。

（三）符合旅游业与文化业本身的特点

旅游业与文化业的融合具有依托其他行业及与其他行业有很大的关联性等特点，它的发展会涉及许多部门和行业，需要各个部门之间的有机合作，往往只靠某一个旅游部门或者某一级政府是不能完成的，需要通过国家的产业政策加以宏观指导，这也是确保国家对旅游业和文化业发展有效推动和调控的手段。

（四）政策制定具有现实可能性

目前，我国制定产业整合政策的条件已经成熟。实践中，我国旅游业和文化业发展的方向性、原则性、趋势性问题已经比较明确，这些有利条件决定了我国出台旅游产业和文化产业的政策整合具有现实可能性。虽然各地方政府纷纷出台了发展本地旅游业的若干政策，国家也制定了一些相关的政策，但我国还没有出台一整套关于旅游产业和文化产业的政策。

（五）政策制定具有现实必要性

旅游业和文化业发展速度相对缓慢，不同地区之间更是相差悬殊。基础设施的制约因素大范围存在，旅游业与文化业的整体效益难以得到发挥。国内知名的品牌产品少，市场竞争力不强。旅游业和文化业融合程度低，产业结构有待调整完善。相应的旅游产业和文化产业发展的政策滞后，也没有配套出台融资、技术、税收等方面的优惠政策等。另外，旅游与文化管理机构行使职权缺乏强有力的法律支撑，一直是制约我国旅游产业和文化产业发展与国际水平同步的瓶颈问题。我国颁布实施的相关法规还远远不能满足现实需要，地方性的相关法规往往与其他行业的管理内容杂糅在一起，因而管理部门在对行业主体进行管理时无据可依。

二、旅游产业和文化产业政策整合策略与政府调控思路

（一）把握旅游产业和文化产业政策制定的主体

首先，发挥政府的主导作用。充分发挥政府的指导、引导和倡导作用，为旅游产业和文化产业的发展创造良好的社会、经济、文化和自然生态环境。旅游业与文化业的高效持续发展需要政府对其进行规划、规范、指导和控制；要发挥各级政府部门、职能部门的领导调控作用，同时需要处理好各级政府与企业及市场间的关系；要明确旅游产业和文化产业的管理主体、管理权限，防止管理混乱、令出多头的现象；要形成产业调控能力，加大政府导向性投入，广泛地调动起全社会投资发展旅游产业和文化产业的积极性。总之，通过政府的调控，资源可以得到有效的配置，从而保护旅游企业和文化企业的经济利益。随着我国政治体制与经济体制改革的深入，政府主导型产业势必会产生转化，演变为政府指导型、政府协调型产业。

其次，企业层要深化改革。按照市场经济要求，要改革旅游与文化企业体制，积极推进多种形式的产权制度改革，搞活中小企业。一方面，走集约化经营道路，调整旅游与文化企业结构，实现跨地区、部门、行业的集团化大型企业、专业化中型企业、网络化小型企业的企业格局，创新企业的经营模式。另一方面，积极吸引国际资金、社会资本。要使民营资本进入旅游与文化行业，参与开发建设与经营，建立多元化投入的市场运作机制。

最后，根据比较优势理论，加快培育旅游企业竞争力，增强竞争意识。

（二）探索完备的旅游产业政策体系

根据市场的发展需要，国家制定和完善旅游和文化政策，明确旅游与文化经济的发展方向，指导旅游与文化经济的全面发展。这些政策主要包括以下方面：一是产业定位政策问题。即要明确旅游与文化业在国民经济中的地位，这是一切具体政策的源头和根本。二是产业导向政策。即旅游与文化业发展所应坚持的原则和方向。三是产业市场政策问题。明确和强调市场导向的观念，是市场经济对产业政策的基本要求。四是产业布局政策。产业布局的宏观调控政策的目的和作用主要是调整结构、转变增长方式。其中包括经济结构调整、产业结构调整、产品结构调整等。五是产业投入政策问题。国家应鼓励社会

各方面对旅游与文化业的投入，贯彻“五个一齐上”和“内外资并用”的方针。六是产业组织政策问题。国家应要求加强旅游与文化市场主体的培育，为旅游与文化企业创造公平竞争的发展环境，实施适合经济特点的产业组织政策。七是产业保障政策问题。旅游产业和文化产业政策的有效实施，在很大程度上取决于保障手段。支持旅游与文化部门贯彻实施好产业政策，应以法律、法规等形式保证产业政策的实施。

（三）完善旅游产业政策的立法程序

产业政策制定过程实际上是各方面、各部门利益主体知情、表达意见和利益博弈的过程，在立法的过程中要坚持公开、透明、民主、参与的基本原则。首先，针对目前产业政策立法起草的主体单一、部门的利益倾向严重等突出问题，在实际的政策制定中要采取多部门联合草拟方式，形成良好的利益表达机制。其次，在政策操作中，要对项目的可行性和必要性论证。吸收公众的参与，做好调研，应将该立法的背景、意义、目的、目标、进程、方案选择、总体内容，以及公众、专家参与的方式、途径、程序、具体办法等在一定的范围内进行公告，在公告期间要保障公众能充分表达其意见。最后，建立立法的跟踪评估机制，保持对立法全过程的监督，保证立法机构及时修订和矫正法律法规自身所面临的一些缺陷，进一步改进立法工作，不断地提高立法的质量。

（四）形成旅游产业国际合作与竞争的政策支持环境

随着我国旅游业与文化业国际地位的不断提高，国际合作与交流日益加强。我国积极参与世界旅游组织和地方旅游组织的各项活动，不断走向世界，不断地扩大与主要客源国的交流。通过国际合作，交流发展旅游产业与文化产业的经验，在实践中，能够借助对方的力量来克服自己的不足，加速旅游产业与文化产业发展的进程；通过国际竞争，也可以培养较高素质的旅游产业与文化产业，从而进一步完善本国和地方的旅游和文化市场，为旅游产业和文化产业的健康、长期成长奠定基础。我国要加强对国际交流合作的政策支持力度，积极创新与外国企业的合作方式，支持本国旅游企业参与国际市场的竞争并给予必要的资金、人才等方面的支持。旅游产业和文化产业政策内容和形式也应该体现出这种政策导向。当然，需要注意的是旅游与文化市场的开放是一个渐进的发展过程，要避免由于政策支持力度不够而造成旅游产业和文化产业不能适应竞争激烈的市场环境，过早地成为衰弱产业。

参考文献

[1] 黄亚林 . 江苏省旅游产业竞争力评价研究 [D]. 南京师范大学，2016.

[2] 程瑶 . 桂林红色旅游与文化产业融合发展研究 [D]. 广西师范大学，2017.

[3] 范恒 . 基于旅游与文化资源整合的江西旅游产业转型升级研究 [D]. 南昌大学，2017.

[4] 刘洋 . 文化旅游与城市经济协调发展研究 [D]. 西北大学，2016.

[5] 杨勇 . 贵州省旅游业红色文化建设研究 [D]. 华北电力大学，2014.

[6] 储诗瑶 . 江苏城市历史文化资源与旅游产业发展的相关性研究 [D]. 南京航空航天大学，2015.

[7] 周晓倩 . 区域文化旅游资源的价值评价与协同开发研究 [D]. 扬州大学，2016.

[8] 杨春宇，邢洋，左文超，肖宏，高红艳 . 文化旅游产业创新系统集聚研究——基于全国 31 省市的 PEF 实证分析 [J]. 旅游学刊，2016，31（04）：81-96.

[9] 李坤 . 杭州文化产业竞争力评价与提升路径研究 [D]. 浙江理工大学，2014.

[10] 姚丹丽 . 乡村旅游组织模式选择影响因素研究 [D]. 浙江大学，2010.

[11] 潘文焰 . 节事资源旅游产业化的机理与路径研究 [D]. 华东师范大学，2014.

[12] 谢红雨，伊继东，甘建候 . 云南民族文化旅游产业效益的 SSA 分析 [J]. 中国人口·资源与环境，2014，24（S3）：238-241.

[13] 胡小海 . 区域文化资源与旅游经济耦合研究 [D]. 南京师范大学，2012.

[14] 刘莉 . 民族区域文化旅游发展对策研究 [D]. 中南大学，2012.

[15] 周叶 . 江西文化旅游研究 [D]. 武汉大学，2014.

[16] 李氲 . 文化旅游资源开发的初步研究 [D]. 浙江大学，2008.

[17] 刘少和，梁明珠 . 环大珠三角城市群游憩带旅游产业集聚发展路径模式——

以广东山海旅游产业园区建设为例 [J]. 经济地理，2015，35（06）：190–197.
[18] 王慧敏 . 以文化创意推动旅游产业转型升级 [J]. 旅游学刊，2015，30（01）：1–3.
[19] 但红燕，徐武明 . 旅游产业与文化产业融合动因及其效应分析——以四川为例 [J]. 生态经济，2015，31（07）：110–113+117.
[20] 宋咏梅 . 区域旅游产业发展潜力测评及显化机制研究：以陕西为例 [D]. 陕西师范大学，2013.
[21] 朱虹 . 论发展江西文化旅游产业的战略思考 [J]. 江西财经大学学报，2013（04）：5–11.
[22] 王佳 . 我国沿海地区旅游环境承载力预警研究 [D]. 中国海洋大学，2014.
[23] 钱丹青 . 基于文化资源开发的区域文化产业发展路径研究 [D]. 浙江财经学院，2013.
[24] 南宇 . 区域合作视角下的西北五省区旅游空间结构研究 [D]. 兰州大学，2013.
[25] 尹华光，王换茹，姚云贵 . 武陵山片区文化产业与旅游产业融合发展模式研究 [J]. 中南民族大学学报（人文社会科学版），2015，35（04）：39–43.
[26] 周琳 . 中国旅游业的制度创新研究 [D]. 吉林大学，2014.
[27] 兰苑，陈艳珍 . 文化产业与旅游产业融合的机制与路径——以山西省文化旅游业发展为例 [J]. 经济问题，2014（09）：126–129.
[28] 杨园争 . 山西省旅游产业与文化产业融合发展研究 [D]. 山西财经大学，2013.
[29] 张琰飞，朱海英 . 文化产业与旅游产业耦合发展的区域差异分析——基于省际面板数据的实证研究 [J]. 华东经济管理，2012，26（10）：54–59.
[30] 赵蕾，余汝艺 . 旅游产业与文化产业融合的动力系统研究 [J]. 安徽农业大学学报（社会科学版），2015，24（01）：66–71.
[31] 侯兵 . 南京都市圈文化旅游空间整合研究 [D]. 南京师范大学，2011.
[32] 刘传喜，唐代剑，常俊杰 . 杭州乡村旅游产业集聚的时空演化与机理研究——基于社会资本视角 [J]. 农业经济问题，2015，36（06）：35–43+110–111.

[33] 刘春济．我国旅游产业结构优化研究 [D]. 华东师范大学，2014.
[34] 侯兵，周晓倩．长三角地区文化产业与旅游产业融合态势测度与评价 [J]. 经济地理，2015，35（11）：211–217.
[35] 赵金岭．我国高端体育旅游的理论与实证研究 [D]. 福建师范大学，2013.
[36] 王玉珍．中国体育旅游产业竞争力研究 [D]. 北京体育大学，2013.
[37] 陶表红．生态旅游产业可持续发展研究 [D]. 武汉理工大学，2012.
[38] 杨迅周，谢燕娜．河南省旅游产业集聚区发展研究 [J]. 地域研究与开发，2012，31（06）：97–100+131.
[39] 姜永常．旅游产业融合发展的动力、机制与策略研究——以文化旅游业为例 [J]. 哈尔滨商业大学学报（社会科学版），2013（04）：107–112.
[40] 朱海艳．旅游产业融合模式研究 [D]. 西北大学，2014.
[41] 李瑶亭．城市旅游产业发展研究 [D]. 华东师范大学，2013.
[42] 王新越．我国旅游化与城镇化互动协调发展研究 [D]. 中国海洋大学，2014.
[43] 徐艳芳．区域文化产业开发的比较优势研究 [D]. 山东大学，2009.
[44] 李萌．基于文化创意视角的上海文化旅游研究 [D]. 复旦大学，2011.
[45] 翁钢民，李凌雁．中国旅游与文化产业融合发展的耦合协调度及空间相关分析 [J]. 经济地理，2016，36（01）：178–185.
[46] 石艳．产业融合视角下的旅游产业与文化产业互动发展研究 [J]. 山东财政学院学报，2012（02）：109–114.
[47] 张琰飞，朱海英．西南地区文化产业与旅游产业耦合协调度实证研究 [J]. 地域研究与开发，2013，32（02）：16–21.
[48] 舒小林，高应蓓，张元霞，杨春宇．旅游产业与生态文明城市耦合关系及协调发展研究 [J]. 中国人口·资源与环境，2015，25（03）：82–90.
[49]张海燕，王忠云．旅游产业与文化产业融合运作模式研究[J]. 山东社会科学，2013（01）：169–172.
[50] 王颖．山东海洋文化产业研究 [D]. 山东大学，2010.
[51] 程晓丽，祝亚雯．安徽省旅游产业与文化产业融合发展研究 [J]. 经济地理，2012，32（09）：161–165.
[52] 张海燕，王忠云．旅游产业与文化产业融合发展研究 [J]. 资源开发与市场，2010，26（04）：322–326.